ADAC Reiseführer

Andalusien

von Jan Marot

 ADAC Top Tipps

Das müssen Sie gesehen haben! Die zehn Top Tipps bringen Sie zu den absoluten Highlights.

 ADAC Empfehlungen

Unterwegs gut beraten: Diese 25 ausgesuchten Empfehlungen machen Ihren Urlaub perfekt.

Preise für ein DZ mit Frühstück:
€ | bis 100 €
€€ | bis 170 €
€€€ | ab 170 €

Preise für ein Hauptgericht:
€ | bis 10 €
€€ | bis 15 €
€€€ | ab 15 €

Inhalt

■ Intro

Impressionen 4
Auf einen Blick 9

■ ADAC Quickfinder

Das will ich erleben 10
Hier finden Sie die Orte, Sehenswürdigkeiten und Attraktionen, die perfekt zu Ihnen passen.

■ Unterwegs

Von Sevilla durch das Guadalquivir-Tal 16
1 **Sevilla** 18
2 **Itálica** 30
3 **Carmona** 31
4 **Écija** 33
5 **Utrera** 34
6 **Lebrija** 35
Übernachten 36

Málaga, die Costa del Sol und die Serranía de Ronda 38
7 **Ronda** 40
8 **Marbella** 41
9 **Mijas** 42
10 **Málaga** 44
11 **Álora und der Caminito del Rey** 50
12 **Antequera** 51
13 **Nerja** 52
Übernachten 54

Granada, die Alpujarras und Almería 56
14 **Alhama de Granada** 58
15 **Almuñécar und die Costa Tropical** 59
16 **Vélez de Benaudalla** 60
17 **La Alpujarra** 61
18 **Granada** 62
19 **Montefrío** 72
20 **Guadix** 72
21 **Tabernas** 74

Detailkarten im Innenteil des Reiseführers

22 Almería 75
23 Níjar und der Cabo de Gata 76
24 Mojácar 78
25 Orce 78
Übernachten 80

Córdoba und das grüne Andalusien 82

26 La Iruela und die Sierra de Cazorla 84
27 Úbeda und Baeza 85
28 Baños de la Encina 87
29 Jaén 88
30 Alcaudete 90
31 Alcalá la Real 90
32 Priego de Córdoba 91
33 Zuheros 92
34 Medina Azahara 93
35 Córdoba 94
36 Almodóvar del Río 100
37 Palma del Río 100
Übernachten 102

Cádiz und die Costa de la Luz 104

38 Aracena 106
39 Minas de Riotinto 106
40 Huelva 107
41 Palos de la Frontera 107
42 Parque Nacional Coto de Doñana 108
43 Sanlúcar de Barrameda 109
44 Jerez de la Frontera 110
45 Cádiz 112
46 Vejer de la Frontera 115
47 Tarifa 117
48 Gibraltar 118
Übernachten 119

■ Service

Andalusien von A–Z 122

Alle wichtigen reisepraktischen Informationen – von der Anreise über Notrufnummern bis hin zu den Zollbestimmungen.

Festivals und Events 128
Chronik 136
Mini-Sprachführer 137
Alle Blickpunkt-Themen in diesem Band 138
Register 138
Bildnachweis 141
Impressum 142
Mobil vor Ort 144

Umschlag:

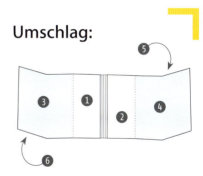

 ADAC Top Tipps: Vordere Umschlagklappe, innen ❶

ADAC Empfehlungen: Hintere Umschlagklappe, innen ❷

Übersichtskarte Andalusien West: Vordere Umschlagklappe, innen ❸
Übersichtskarte Andalusien Ost: Hintere Umschlagklappe, innen ❹
Stadtplan Sevilla: Hintere Umschlagklappe, außen ❺
Ein Tag in Sevilla: Vordere Umschlagklappe, außen ❻

Schmelztiegel der Kulturen an der Sonnenküste

Unter der Sonne Andalusiens warten traumhafte Strände, malerische weiße Dörfer und monumentale Kulturschätze

Entspannung pur am türkisblauen Mittelmeer: die Strände bei Nerja

Die facettenreiche Region Andalusien bietet weit mehr als Strand, Sonne und Meer. Neben den traumhaften Mittelmeerstränden an der Costa del Sol, die jedes Jahr im Sommer unzählige Sonnenhungrige anziehen, punktet die Region mit einem reichen historischen Erbe, das europaweit seinesgleichen sucht. Monumente der Mauren-Ära in fantastisch erhaltenen Altstädten wie die Alhambra in Granada – mit 2,6 Mio. Besuchern eine der Hauptattraktionen Spaniens – oder die Mezquita von Córdoba lassen Besucher das ganze Jahr über in den Glanz vergangener Jahrhunderte eintauchen.

Tradition und Lebensgefühl

Hinzu kommt eine einzigartige Kultur und typisch andalusische Lebensart, die sich bis heute erhalten haben und

Impressionen aus Andalusien

jeden Besucher in ihren Bann ziehen. So ist die tief verwurzelte katholische Tradition allgegenwärtig und besonders in der Osterwoche, zur »Semana Santa«, bei feierlich-andächtigen Prozessionen hautnah zu erleben. Wie die Religion ist auch der Flamenco, der 2010 von der UNESCO zum immateriellen Weltkulturerbe erklärt wurde, untrennbar mit dem andalusischen Lebensgefühl verbunden. Die Rhythmen, der Tanz und der melancholische, oftmals leidvolle Gesang sind Teil der Seele dieses Landstrichs und bilden einen unverwechselbaren Soundtrack für jede Andalusien-Reise. Die tägliche Siesta, die noch immer ein fester Bestandteil des Alltags ist – vor allem in der Provinz –, ist für viele Besucher gewöhnungsbedürftig. Doch auch sie gehört zu dieser Region, genauso wie die leckeren Tapas, die in Granada, Jaén und Almería auch kostenlos zum Getränk kredenzt werden. Weitere Highlights der andalusischen Küche sind die kalten Tomatensuppen Salmorejo und Gazpacho, der delikate Ibérico-Schinken, Olivenöle sowie die vielen Fisch- und Meeresfrüchtespezialitäten der Küstenregionen.

Ein Landstrich voller Gegensätze

Die insgesamt über 1100 km langen Mittelmeer- und Atlantikküsten prägen die bevölkerungsreichste Autonomieregion Spaniens. Mit knapp

Typisch Andalusien: erfrischender Gazpacho (unten) und energiegeladene Flamenco-Spektakel (ganz unten)

Schmelztiegel der Kulturen an der Sonnenküste

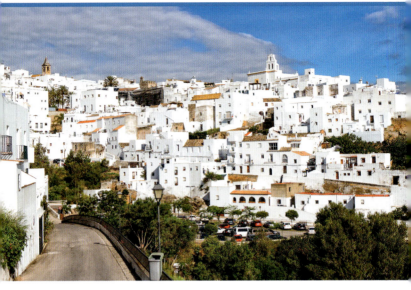

Eine Region mit vielen Gesichtern: das weiße Dorf Vejer de la Frontera bei Cádiz (oben), die unberührte Playa de Bolonia (Mitte), andalusische Pferde (unten)

8,2 Mio. Einwohnern ist Andalusien in etwa so groß (87268 km²) wie Österreich. Es ist ein Land der Extreme, das sowohl die trockenste Zone Spaniens, die Tabernas-Wüste bei Almería, als auch die niederschlagsreichste, die Sierra de Grazalema in der Provinz Cadíz, umfasst. Die Spitzentemperaturen liegen in der »Bratpfanne Spaniens« in der Provinz Sevilla im Hochsommer regelmäßig bei 40 °C und mehr. Am 13. Juli 2017 zeigte das Thermometer in Montoro (Córdoba) sage und schreibe 47,3 °C an, in Spanien der höchste je registrierte Wert seit Beginn der Wetteraufzeichnungen.

Vom südlichsten Punkt Kontinentaleuropas, der Punta Marroqui bei Tarifa an der Straße von Gibraltar, trennen Andalusien nur 14 km Meerenge vom Norden des afrikanischen Kontinents. Mit dem Mulhacén (3478 m) in der Sierra Nevada, die meist bis Ende Mai noch schneebedeckt ist, hat die Region auch den höchsten Gipfel der Iberi-

Impressionen aus Andalusien

schen Halbinsel und ein beliebtes und gut ausgestattetes Skigebiet zu bieten. Bis in den April hinein sind hier Abfahrten möglich – inklusive Afrika-Blick.

Goldgelbe Sandstrände und schneeweiße Dörfer

Der klassische Badetourismus ist jedoch nach wie vor eine wichtige Einnahmequelle für die Menschen in Andalusien, wo der moderne europäische Massentourismus an der Costa del Sol in den 1960er-Jahren seinen Ursprung hatte. Neben den bekannten und größtenteils verbauten Küstenabschnitten zwischen Málaga und dem Jetset-Pflaster Marbella gibt es auch heute noch ruhige, mitunter versteckte Buchten zu entdecken, z.B. Maro bei Nerja östlich von Málaga oder die Traumstrände am Cabo de Gata bei Almería, die schon mehrfach als Filmkulisse dienten. Auch die langen, oftmals einsamen Atlantikstrände der »Küste des Lichts« (Costa de la Luz) von Huelva bis zum südlichsten Zipfel Spaniens bei Tarifa stehen bei Ruhesuchenden hoch im Kurs.

Noch entspannter geht es im andalusischen Hinterland zu, wo sich weiße Dörfer in den Bergen ausbreiten, kleine Ortschaften im maurischen Stil mit weiß gekalkten Häusern und verwinkelten Gassen. Vor allem an der »Ruta de los Pueblos Blancos« in der Umgebung von Cádiz konzentrieren sich diese malerischen Orte.

Naturfreunde kommen besonders im andalusischen Hinterland auf ihre Kosten. Schutzgebiete wie Coto de Doñana oder die Alpujarra-Region an den Südhängen der Sierra Nevada sind ein Paradies für Wanderer und all jene, die abseits des Trubels der Städte und Küsten Ruhe und Erholung im Grünen suchen.

Die Mauren hinterließen wie hier bei Guadix wehrhafte Burgen in der ganzen Region

Schmelztiegel der Kulturen an der Sonnenküste

Phönizier, Karthager, Römer

So kontrastreich das Land ist, so wechselvoll und turbulent verlief seine Geschichte. Bereits in der Altsteinzeit, und womöglich noch viel früher, siedelten

> *Süße Tage, süße Stunden sind es, die man in Sevilla genießt.*
>
> Miguel de Cervantes

Menschen auf dem Gebiet des heutigen Andalusiens. Fossile Knochenfunde bei Orce wurden auf ein Alter von etwa 1 Mio. Jahre datiert. Megalith-Kulturen verewigten sich um Antequera mit beeindruckenden Steingräbern. Bereits in der Antike sorgten die ergiebigen Fischgründe, das fruchtbare Ackerland und Bodenschätze in der Region für regen Handel. Die Phönizier legten die Grundsteine für Städte wie Cádiz, Málaga oder Almuñecar, später ließen sich die Karthager und die Römer hier nieder. Die römische Provinz Baetica glich in ihren Grenzen bereits dem heutigen Andalusien, und auch die Kaiser Trajan und Hadrian lebten in der Region, in der Beamtenstadt Itálica, deren Ruinen bis heute erhalten geblieben sind.

Arabisches Kulturerbe und Renaissance-Schmuckstücke

Die muslimische Eroberung der Iberischen Halbinsel im Jahr 711 markierte eine Zäsur. Feldherr Tarik setzte bei Gibraltar von Nordafrika über, und binnen weniger Jahre war das Westgotenreich in Iberien bezwungen. Es folgte die Ära der muslimischen Herrschaft

Amphitheater in Itálica, einst blühendes Zentrum des römischen Imperiums

Auf einen Blick

»al-Andalus«, die mit dem Kalifat von Córdoba und später mit dem Nasridenreich von Granada zu höchster Blüte fand. Monumente wie die Mezquita-Catedral in Córdoba und die »rote« Palastburg Alhambra von Granada zeugen heute davon. Nach der Kapitulation des letzten muslimischen Herrschers machten sich die Baumeister der Renaissance in Andalusien ans Werk, was die Architektur-Ensembles in Úbeda und Jaén sowie Kirchen und Kathedralen in der gesamten Region eindrucksvoll unter Beweis stellen.

Ganz gleich, welchen Teil Andalusiens man bereist: Fast überall begegnen einem die Spuren der Geschichte. Sie ist ein Schlüssel zum Verständnis der Seele dieser kontrastreichen Region mit einer einzigartigen Kultur und ihren weltoffenen Bewohnern.

Hauptstadt Sevilla
Einwohner 8 370 368
Fläche 87 268 km² (in etwa vergleichbar mit Österreich)
Sprache Spanisch (in Gibraltar Englisch oder »Llanito«)
Währung Euro (in Gibraltar Britisches Pfund)
Verwaltung Andalusien ist die bevölkerungsreichste Autonomieregion Spaniens mit acht Provinzen: Sevilla, Málaga, Granada, Córdoba, Jaén, Almería, Cádiz und Huelva.
Tourismus Etwa 30 Mio. Gäste pro Jahr
Religion Überwiegend katholisch, rund 300 000 Muslime

Oft gehörte Redewendungen
»Chuminá« (Blödsinn, etwas Unwichtiges); im Sommer: »Que calo' hace'« [Ke Kalo ase] (Welch' eine Hitze); im Frühjahr: »Hasta el 40 de mayo, no te quitas el sallo« (Bis zum 40. Mai den Mantel nicht einmotten)

Darin sind die Andalusier Weltmeister
Ganz klar in der Produktion von Olivenöl. Etwas mehr als 1,2 Milionen t produziert die Region jedes Jahr und ist damit unangefochten Weltmarktführer. Jaén ist die »Olivenkammer« Andalusiens.

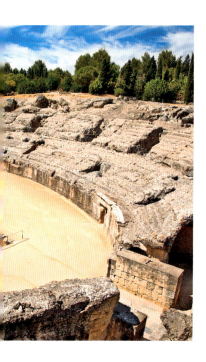

Das will ich erleben

Andalusien, die zweitgrößte Region Spaniens, war über mehr als sieben Jahrhunderte lang der Orient im Okzident und ist bis heute ein Landstrich voller Kontraste. Von goldgelben Sandstränden über schneeweiße Bergdörfer und die Gipfel der Sierra Nevada bis hin zur roten Festungsburg der Alhambra bietet sich in Andalusien eine einmalige Vielfalt: Besucher können eintauchen ins monumentale Kulturerbe der Mauren und der Renaissance, Gaumenfreuden genießen, Kunstmuseen besuchen und tief verwurzelte Traditionen erleben. Und überall lässt sich die andalusische Lebensart und Seele einatmen.

Das reiche Erbe der Mauren

Von 711 bis 1492 stand Andalusien (»al-Andalus«) unter maurischer Herrschaft, eine Zeit des Fortschritts, die vom Zusammenleben unterschiedlichster Kulturen geprägt war. Von der Hochblüte des Kalifats von Córdoba und des Nasridenreichs Granada und von der Kunstfertigkeit arabischer Handwerker nach der »Reconquista« zeugt noch heute ein reiches Kulturerbe.

1 Reales Alcázares 23
Der Königspalast Sevillas – ein orientalischer Traum
10 Alcazaba in Málaga 46
Imposante Stadtburg der Mauren
18 Alhambra und Generalife 63
Granadas Nasridenpaläste – Wunder der Baukunst

Die schönsten Strände

Ob mit feinem Sand oder grobem Kies, gut ausgestattet mit allen Annehmlichkeiten oder abgelegen in kleinen Buchten unter Klippen – Andalusiens Strände sind so vielfältig wie das Land selbst. Auch an der touristischen Mittelmeerküste findet sich noch ein ruhiges Plätzchen.

13 Calas de Maro 53
Klettertour zu malerischen türkisblauen Buchten
23 Níjar und der Cabo de Gata 76
Naturbelassen: Playas de los Genoveses und Mónsul
45 Playa Victoria 115
Der goldgelbe Stadtstrand von Cádiz
47 Playa de Bolonia 117
Kite- und Windsurfspot mit Afrikablick in Tarifa

ADAC Quickfinder

Lebensart auf Andalusisch

Flamenco, Tanz und Gesang sind untrennbar mit der Region und ihren Menschen verbunden. Und fast überall ist ein tief verwurzelter katholischer Glaube zu spüren, der besonders in der Osterwoche in beeindruckenden Prozessionen zum Ausdruck kommt. Ihre ausgelassenen »Fiestas« lassen sich die Andalusier nicht nehmen.

1 Semana Santa 25
Osterprozessionen mit Gänsehautgefühl, z. B. in Sevilla
17 Fiesta de Jamón y Agua 60
Nichts für Wasserscheue: »Johannisnacht« in Lanjarón
35 Festival de los Patios 95
Wettstreit um die schönsten Innenhöfe in Córdoba

Naturwunder Südspaniens

Die Region hat auch ihre grünen Seiten, etwa im Nationalpark Doñana. Daneben warten Mondlandschaften, knochentrockene Wüsten und bizarre Karstlandschaften.

12 Parque Natural El Torcal 52
Einzigartige Felsformationen in Antequera
21 Desierto de Tabernas 74
Die einzige natürliche Wüste Europas
26 La Iruela und die Sierra de Cazorla 84
Wasserfälle im größten Naturschutzgebiet Spaniens
42 Parque Nacional Coto de Doñana 108
Rast- und Brutrefugium für hunderttausende Zugvögel

Verträumte Ortschaften

Weiße Dörfer gibt es in Andalusien wie Sand am Meer. Fast alle gehen auf arabische Gründer zurück und verlieren sich in verwinkelten Gassen. Architektur und Lage sind oft spektakulär. So bietet Mijas bei Málaga weite Panoramablicke auf die Costa del Sol, Aracena besticht durch seine immergrüne Sierra in der Umgebung.

9 Mijas 42
Weißes Dorf am Hang mit viel Charme und Eseltaxis
19 Montefrío 72
Von National Geographic zum schönsten Dorf gekürt
38 Aracena 106
Bezauberndes Städtchen mit unterirdischem Schatz

Das will ich erleben

Die besten Museen

Andalusien bietet eine große Auswahl an exzellenten Museen – vom modernen Tempel der Gegenwartskunst wie dem Centre Pompidou in Málaga bis zum CAAC in Sevilla, wo in altehrwürdiger Umgebung andalusische Künstler präsentiert werden.

- **1 CAAC Sevilla** 28
  Andalusiens Talente in einem alten Kartäuser-Kloster
- **10 Centre Pompidou Málaga** 47
  Auslands-Dependance des beliebten Pariser Museums
- **35 Centro Flamenco Fosforito** 99
  Córdobas Flamenco-Museum setzt ganz auf Interaktion

Bezaubernde botanische Gärten

Das zum Teil subtropische Klima und die milden Winter machen die Mittelmeerküste zum idealen Habitat für tropische Pflanzen. An der »Costa Tropical« von Granada wachsen sogar Mangos, Papayas und Avocados.

- **10 Jardin Botánico La Concepción** 49
  »Mit 80 Bäumen um die Welt« in Málaga
- **15 Parque Botánico de El Majuelo** 59
  Die ganze Vielfalt der »Costa Tropical« in Almuñécar
- **16 Jardín y Huerto Nazarí** 60
  Arabische Gartenpracht in Vélez de Benaudalla
- **48 Botanic Gardens La Alameda** 118
  Ein Schaufenster britischer Gartenkunst in Gibraltar

Unvergessliche Roadtrips

Andalusien lässt sich wunderbar mit dem Auto erkunden. Oft werden dabei einzigartige Landschaften durchfahren. Spektakuläre Panoramen bietet die Route von Lanjarón bis Trevélez durch die Alpujarras, und in Jaén kann man der Spur der Mauren folgen.

- **17 Durch die Alpujarras in die Sierra Nevada** 61
  Von Lanjarón bis nach Trevélez auf knapp 1700 m Höhe
- **29 Ruta de Castillos y Batallas** 86
  Von Festung zu Festung in Jaén
- **46 Ruta de los Pueblos Blancos** 116
  Durch die Sierra de Grazalema zu den weißen Dörfern

Köstlichkeiten andalusischer Küche

Als weltgrößter Produzent von Olivenöl ist Andalusien bekannt für sein kalt gepresstes »Virgen Extra«. Abseits der Massenproduktion gibt es auch zahlreiche kleinere Mühlen, die hervorragende Spitzenöle produzieren. Feinschmecker werden außerdem den würzigen Ibérico-Rohschinken und den nach alten Methoden gefangenen Thunfisch zu schätzen wissen.

1 **Ibérico-Schinken** 30
  Aus Jabugo kommt der beste Rohschinken Spaniens
29 **Das grüne Gold Andalusiens** 88
  In der Sierra Magina wird Spitzenolivenöl produziert
47 **Almadraba-Thunfisch** 117
  Thunfischfang wie zur Zeit der alten Phönizier

Südspanische Souvenirs shoppen

Kunsthandwerk hat in Andalusien eine lange Tradition. Die Motive der Keramik- und Schmuckproduktion gehen vielerorts noch auf die Zeit der Mauren zurück. Aber auch die landestypischen Spezialitäten sind tolle Mitbringsel für jene, die zu Hause geblieben sind.

1 **Handbemalte Keramik** 28
  Töpferkunst im Shop von Sevillas Museo Cerámica
35 **Schmuck vom Hofe des Kalifen** 100
  Meister der »Filigrana«-Schmiedetechnik in Córdoba
45 **Gourmetkonserven im Retro-Look** 115
  Hausgemachte Fischkonserven in Cádiz

Andalusische Ausblicke

Ganz gleich zu welcher Tageszeit, ob frühmorgens, zum Sonnenuntergang oder mitten in der Nacht – an diesen Orten bietet sich immer ein herrlicher Panoramablick. Sei es vom modernen Holzdach hoch über Sevillas Altstadt oder – ganz klassisch – vom Kirchturm in Granada.

1 **Metropol Parasol** 25
  Panoramarundgang mit 360°-Blick in Sevilla
13 **Balcón de Europa** 53
  Fantastische Sicht auf die Costa del Sol in Nerja
18 **Mirador San Nicolas** 69
  Umwerfende Blicke auf Granadas Alhambra

Unterwegs

*Im wüstenähnlichen Parque Natural de Cabo de Gata warten
die letzten unberührten Strände der spanischen Mittelmeerküste,
darunter die abgelegene Playa de los Genoveses*

Von Sevilla durch das Guadalquivir-Tal

Zwischen historischem Erbe und Moderne meistert Sevilla den Spagat mit Bravour. In der Umgebung wartet das authentische Andalusien

In diesem Kapitel:

1 Sevilla  18
2 Itálica 30
3 Carmona 31
4 Écija 33
5 Utrera 34
6 Lebrija 35
Übernachten 36

Nicht umsonst gilt Andalusiens Hauptstadt als eine der schönsten Metropolen Europas. Seit jeher von den unterschiedlichsten Kulturen geprägt, hat Sevilla jahrtausendelang Imperien und Herrscher überdauert. Sein historisches Zentrum zählt zu den größten der »Alten Welt«, und mit der Entdeckung des amerikanischen Kontinents entwickelte sich die Stadt zum wohlhabenden Zentrum des Überseehandels. Noch heute zeugen zahlreiche Bauten von der bewegten Geschichte und vom Gold der »Indias«. Und die pulsierende Atmosphäre der Stadt, etwa auf den Plazas des Szeneviertels Triana, zieht Besucher aus aller Welt magisch an.

Doch auch das Umland – vom fruchtbaren Tal des Guadalquivir-Flusses bis zu den Marismas-Feuchtgebieten im Delta – ist reizvoll. Kleinere Städte und Ortschaften wie Utrera, Carmona oder Écija in der »Bratpfanne Andalusiens« konnten sich ihr typisch andalusisches Flair bewahren.

ADAC Top Tipps:

1 Metropol Parasol, Sevilla
| Moderne Architektur |
Der deutsche Architekt Jürgen Mayer H. verhalf der andalusischen Hauptstadt zu einem neuen Wahrzeichen. Die größte Holzkonstruktion der Welt begeistert mit einem begehbaren Dach in 26 m Höhe und fantastischen Panoramablicken auf die Altstadt. Im Untergeschoss befindet sich eine Markthalle und das Antiquarium, ein archäologisches Museum, das die bedeutendsten römischen Ausgrabungen der Stadt beherbergt. 25

ADAC Empfehlungen:

 Kathedrale von Sevilla
| Kathedrale |
Das Ensemble der historischen Bauten im Zentrum Sevillas ist einmalig, der Ausblick vom Turm der Kathedrale ein Traum. 19

Reales Alcázares, Sevilla
| Palast |
Prunkvolle arabische Architektur mit üppigen Gärten – der ideale Drehort für »Game of Thrones«. 23

Plaza de España, Sevilla
| Platz |
Malerisch-monumentaler Platz und zum Sonnenuntergang einer der schönsten Orte der Stadt. 24

Itálica
| Ruinen |
In der einstigen römischen Verwaltungsmetropole waren die Kaiser Trajan und Hadrian zuhause. 30

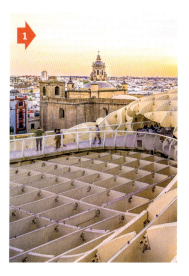

1 Sevilla
Andalusiens Perle und alte Seehandelsmetropole

Kunstvolle Kassettendecken zieren den Säulengang der Plaza de España

Information

- OIT, Paseo de las Delicias 9, ES-41012, Tel. 954/23 44 65, Mo–Fr 9–19.30, Sa, So 10–14 Uhr, sowie am Bahnhof Santa Justa, Av. Kansas City s/n, Tel. 954/78 20 02, Mo–Fr 9–19.30, Sa, So 9.30–15 Uhr, www.visitasevilla.es
- Parken: siehe S. 26, S. 29

Sevilla, die viertgrößte Stadt Spaniens, ist mit knapp 700 000 Einwohnern das kulturelle und wirtschaftliche Zentrum Andalusiens. Schon zu Zeiten der römischen Antike wuchs das damalige »Hispalis« aufgrund seiner Lage unweit der Mündung des Guadalquivir zu einer stattlichen Metropole heran. Die Araber nannten die Stadt später »Ishbiliya«, wovon sich der heutige Name ableitete. Bis heute ist Sevillas Hafen ein wichtiger Handelsknotenpunkt, jedoch weit entfernt von seiner Bedeutung während der Zeit der Entdeckung des amerikanischen Kontinents. Damals bescherten die neuen spanischen Kolonien Sevilla Reichtum und prunkvolle Baudenkmäler, die bis heute das Stadtbild prägen.

Nicht zuletzt aufgrund seines reichen arabischen Erbes zählt Sevilla zum Weltkulturerbe der UNESCO. Zu den einzigartigen Beispielen der arabisch beeinflussten Architektur zählen die

Sevilla

Plan
S. 20/21

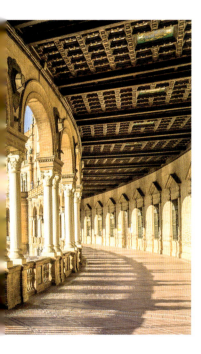

Jürgen Mayer H. erst 2011 mit dem Metropol Parasol die größte Holzstruktur der Welt, ein organisch-geformtes neues Wahrzeichen der Stadt.

Historisches Zentrum

Eintauchen ins mittelalterliche Sevilla mit einem Gewirr an kleinen Gassen

Die imposante Kathedrale Sevillas ist idealer Ausgangspunkt für eine Sightseeing-Tour durch die historische Altstadt mit ihren Monumenten wie dem Reales Alcázares und dem Torre de Oro. Aber auch die emblematische Plaza de España, der Parque Maria Luisa südlich davon und die Promenade am Guadalquivir-Ufer laden zu ausgedehnten Streifzügen ein.

Sehenswert

1 Kathedrale von Sevilla
| Kathedrale |

Weltgrößte gotische Kathedrale mit wechselvoller Geschichte

Giralda, das einstige Minarett, von dem bis zur Eroberung der Stadt durch die christlichen Heere 1248 der Muezzin zum Gebet rief, und der im Mudéjar-Stil errichtete Königspalast Reales Alcázares. In den verwinkelten Gassen im Barrio Santa Cruz, dem alten jüdischen Stadtviertel, entführt Sevilla Besucher in die Welt des 16. Jh., während Triana am gegenüberliegenden Flussufer vor andalusischer Lebensart nur so sprüht. Doch Sevilla ist auch für moderne Architektur ein Aushängeschild, die v.a. durch die Expo-Weltausstellung im Jahr 1992 einen Schub erhielt, der bis in die Gegenwart reicht. So errichtete der deutsche Architekt

Die auf den Grundmauern der einstigen Hauptmoschee errichtete Catedral Santa María de la Sede de Sevilla zählt gemeinsam mit dem Glocken-

ADAC *Spartipp*

Die Straßenbahn »Metro-Centro« bietet eine günstige Sightseeing-Fahrt von der Plaza Nueva vorbei an der Kathedrale und der Plaza de España nach San Berardo. *Einzelfahrt 1,40 €, »Tarjeta Turistica« (24 Std. gültig) 5 €, 3-Tage-Pass 10 €, www.tussam.es*

Sevilla | Plan

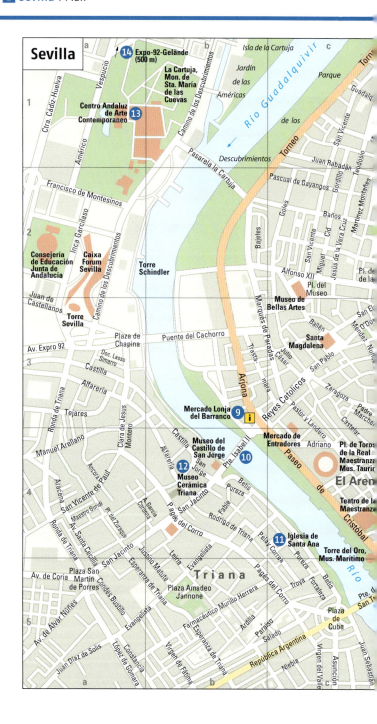

Plan I Sevilla 1

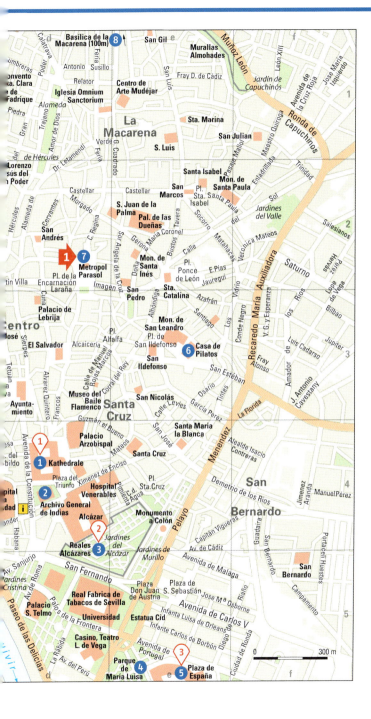

1 Sevilla

Plan S. 20/21

Schmucke Innenhöfe wie der Patio de las Doncellas zieren den Alcázar-Palast

turm Giralda und den Alcázar-Palästen seit 1987 zum UNESCO-Weltkulturerbe. Sie gilt als die gotische Kathedrale mit der größten Grundfläche überhaupt. Das Kircheninnere ist überbordend ausstaffiert mit barocken Kunstschätzen, außerdem beherbergt die Kathedrale ein Knochenfragment, das nachweislich von Christoph Kolumbus stammt. Durch die Puerta del Perdón, den mit Hufeisenbögen verzierten Eingangsbereich der einstigen Moschee, gelangt man zum Patio de los Naranjos, dem Orangenhof, wo besonders im Mai zur Orangenblüte ein süßlicher Duft die Nase umschmeichelt. Die angrenzende Giralda, der Glockenturm der Kathedrale, ist das ehemalige aus der Zeit der Almohaden-Herrschaft stammende Minarett. Es gilt als eines der Wahrzeichen Sevillas, ähnliche Minarette befinden sich in Casablanca, Rabat und Marrakesch.

■ Av. de la Constitución s/n, www.catedraldesevilla.es, Mo 11–15.30, Di–Sa 11–17, So 14.30–18 Uhr, Eintritt 9 €, erm. 4 €, bis 15 Jahre frei

② Archivo General de Indias
| Museum |

Das »Indienarchiv« wurde 1785 unter König Carlos III. eingerichtet, um den unzähligen Dokumenten Raum zu bieten, die sich bei der Verwaltung der »Neuen Welt« angesammelt hatten. Heute lagern hier insgesamt mehr als 43 000 Akten: Originaldokumente von unschätzbarem Wert aus drei Jahrhunderten der Eroberung, Ausbeutung und Kolonisierung Amerikas, der Philippinen und anderer ehemaliger spanischer Hoheitsgebiete. Besonders hervorzuheben sind dabei die informativen Aufzeichnungen zu den indigenen Völkern Amerikas, aber auch das Reisetagebuch von Kolumbus und historische Stadtpläne aus den Kolonien sind für Historiker wertvolle Zeitdokumente. Zudem ist das imposante Gebäude mit seinen endlosen Regalwänden und Gängen an sich schon einen Besuch wert.

■ Edificio de la Lonja, Av. de la Constitución 3, Tel. 095/4 50 05 28, 16. Sept.–15. Juni 8–15, sonst 8–14.30 Uhr, Eintritt frei

ADAC *Wussten Sie schon?*

Die Frauenstatue in Tunika mit Palmenzweig, Fahne und Schild, die auf der Spitze der Giralda thront, wird von den Einheimschen liebevoll »Giraldillo« genannt. Sie symbolisiert den Kampf für den christlichen Glauben und erinnert an den Sieg über die Mauren.

Historisches Zentrum | Sevilla

Im Blickpunkt

Mudéjar: arabisch-christlicher Stilmix

Der Mudéjar-Stil (abgeleitet von »mudayyan«, arabisch für »die, die bleiben dürfen«) wurde in der Architektur von arabischen Handwerkern nach der Rückeroberung Spaniens durch die Christen etabliert. Beeinflusst von den Strömungen beider Welten – Orient und Okzident –, wurde der Baustil von den fortschrittlichen technischen Fertigkeiten der Mauren vorangetrieben. Die einzigartige Verschmelzung der Künste beider Kulturen fand in Andalusien zu unübertroffener Harmonie. Typische Mudéjar-Stilelemente sind ornamentierte Stuckbögen und »Azulejos« – Keramikfliesen, die in Sevilla, aber auch in anderen Regionen Spaniens und Portugals zu finden sind. Die maurischen Handwerker, die während der Reconquista geduldet, aber häufig diskriminiert wurden, hinterließen ihre Kleinode und Meisterwerke überall in der Region, z. B. in Form von kunstvoll gestalteten »Lacerías«: fein geschnitzte Linienmuster an Dachstühlen und Deckenkonstruktionen, die wie Webarbeiten wirken. Zu den beeindruckendsten Mudéjar-Bauten zählen in Sevilla die Palastanlage Reales Alcázares, der Stadtpalast Casa de Pilatos und die Kirche Santa Ana, aber auch die Synagogen in Córdoba (S. 98) und Toledo. Hinzu kommen zahlreiche kleinere Pfarrkirchen (»Parroquías«) in der Umgebung. Eine Besonderheit in Granada sind rund 30 noch erhaltene »Casas Moriscas« im Albaicín-Stadtteil (S. 69). Moriscos nannte man die zwangskonvertierten Mauren, die nach der Reconquista die Bevölkerungsmehrheit stellten. Ihre Wohnhäuser mit von Säulen gestützten, arabischen Bogenreihen und Galerien bewahren bis heute das architektonische Erbe der maurischen Nasriden-Ära (Informationen über Führungen auf Deutsch: www.arsgarnata.com).

❸ Reales Alcázares
| Palast |

Ein Traum von einem Palast, umgeben von üppigen Gärten

Dieser von Pedro I. (»der Grausame«) errichtete prunkvolle Palast mit seinen reich verzierten Gemächern und Patios gilt als eines der hervorragendsten und monumentalsten Beispiele der Mudéjar-Architektur (s. oben). Mit ihren üppigen Gärten ist die Palastanlage ein beliebter Ort für Sevilla-Besucher, die in der oft unerträglichen Hitze der Stadt an den zahlreichen Brunnen im Schatten der Bäume und Palmen Abkühlung suchen. Besonders sehenswert ist der Pavillon Carlos V., ein wahres Schmuckstück des Mudéjar-Stils. Einige Wände am Eingang sind maurische Originale aus der Zeit der Almohaden-Dynastie (12. Jh.). Vor kurzem erlangten die Alcázares weltweit Berühmtheit als Drehort für die US-Erfolgsserie »Game of Thrones«.

▪ Patio de Banderas s/n, Tel. 095/ 4 50 23 24, www.alcazarsevilla.org, April–Sept. 9.30–21, Okt.–März 9.30–19 Uhr, auch Nachtführungen, Eintritt 9,50 €, erm. 2 €, unter 16 Jahre frei, nur Cuarto Real 4,50 €

Sevilla

Das Dach des Metropol Parasol besteht aus zwölf pilzartigen Holzkonstruktionen

④ Parque de María Luisa
| Park |

Angrenzend an die Plaza de España erstreckt sich Sevillas grüne Lunge, ein riesiges Parkareal mit mehr als 34 ha Fläche. Die Anlage am Guadalquivir mit ihren Pavillons, Statuen, Brunnen, Wasserfällen, künstlichen Bergen und Seen wurde Ende des 19. Jh. begonnen und unter dem französischen Parkdesigner Jean-Claude Nicolas Forestier vollendet. Es gibt keinen schöneren Ort, um sich in den heißen Stunden des Tages oder am Abend zu erholen.
■ Paseo de las Delicias s/n, tgl. 8–24 Uhr

⑤ Plaza de España
| Platz |

 Imposanter Rundbau mit zahllosen Azulejo-Fliesen

Anlässlich der Ibero-Amerikanischen Ausstellung im Jahr 1929 wurde dieser weitläufige Platz angelegt, eine symbolische Umarmung der spanischen Kolonien in Übersee. Die eigentliche Plaza wird umringt von einem Kanal und einem pompösen halbkreisförmigen Backsteinbau. Azulejo-Fliesen symbolisieren alle damaligen 46 Provinzen Spaniens, vier Brücken die Königreiche Kastilien, Aragón, Navarra und León. Der halbrunde Platz diente bereits mehrfach als Filmkulisse (u.a. für »Star Wars: Episode II«) und ist ein Muss bei jeder Sevilla-Reise.

⑥ Casa de Pilatos
| Stadtpalast |

Das »Haus des Pilatus« aus dem 16. Jh. ist einer der wichtigsten Stadtpaläste in Sevilla und präsentiert sich in einem überschwänglichen Mix aus italienischer Renaissance und Mudéjar-Stil. Den Besucher erwarten reich verzierte Bögen, ornamentierte Stuckarbeiten, intensiv farbige Azulejo-Fliesen und

Historisches Zentrum I Sevilla

von Säulengängen umringte Patios, die zum Verweilen einladen.
- Pl. de Pilatos 1, Tel. 095/422 52 98, www.fundacionmedinaceli.org/monumentos/pilatos, Nov–März 9–18, April–Okt. 9–19 Uhr, Eintritt 10 € (inkl. Führung)

7 Metropol Parasol
| Moderne Architektur |

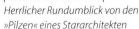
Herrlicher Rundumblick von den »Pilzen« eines Stararchitekten

Der organisch geformte Holzbau des deutschen Architekten Jürgen Mayer H. scheint die Gesetze der Statik auf den Kopf zu stellen. »Las Setas« (die Pilze), wie das Architektur-Wunderwerk auch genannt wird, gelten als größte Holzkonstruktion weltweit. Besucher können das Dach erklimmen, besonders bei Sonnenuntergang ein Genuss: Ein 250 m langer Rundgang in knapp 30 m Höhe ermöglicht sagenhafte 360°-Blicke über Sevilla. Nach anfänglicher Kritik aufgrund der langen Bauzeit und hohen Baukosten gilt der Metropol heute als Wahrzeichen der Stadt. Direkt darunter befindet sich das Antiquarium – Ausgrabungen der römischen Stadt Hispalis mit gut erhaltenen Mosaiken auf mehr als 5000 m².

ADAC Mittendrin

In ganz Andalusien wird die Osterwoche mit Prozessionen begangen. Doch die **Semana Santa** in der Hauptstadt der Region ist besonders eindrucksvoll. Gänsehaut ist garantiert, wenn in der Nacht zu Karfreitag in der Prozession »La Madrugá« Marien- und Christusstatuen von Menschenmassen mit Kutten und Kreuzen in einem Lichtermeer aus Kerzen erwartet werden.

ADAC Mobil

Die Stadt verfügt über ein ausgedehntes Radwegenetz und Leihräder (Servici, www.sevici.es, Tel. 900/90 07 22) bieten eine der angenehmsten Formen, die Stadt zu erkunden. Ein Wochen-Abo für die **City-Bikes** kostet 14,33 €.

- Las Setas, Pl. de la Encarnación s/n, Tel. 095/456 15 12, www.setasdesevilla.com, tgl. 10–23, Fr, Sa bis 2.30 Uhr, Eintritt Panoramadach 3 € (Getränk inkl.), nur Barzahlung, bis 5 Jahre frei
- Antiquarium, Tel. 955/47 15 80, tgl. 10–20 Uhr, Eintritt 2 €, bis 16 Jahre frei

8 Basílica de la Macarena
| Kirche |

Der Bau der neobarocken Basilika wurde kurz nach Bürgerkriegsende 1939 begonnen und 1949 fertiggestellt. Er erhebt sich am Ort der ehemaligen Kapelle Parroquía de San Gil, die in den Kriegswirren 1936 niedergebrannt wurde. Im Inneren der Basilika befindet sich die Jungfrauenstatue »Virgen de la Esperanza Macarena«, eine meisterhafte Holzschnitzerei aus dem 17. Jh. und die Ikone der Stadt. Jedes Jahr in der Nacht von Gründonnerstag auf Karfreitag wird sie in einer Prozession feierlich durch die Straßen getragen.
- C/ Bécquer 1, www.hermandaddelamacarena.es, Mo–Sa 17–21 Uhr, Eintritt frei

9 Mercado Lonja del Barranco
| Markt |

Von Gustave Eiffel entworfen und 1883 errichtet, war die alte Markthalle bis 1970 ausschließlich für den Fischgroßhandel reserviert. Heute ist sie mit ihren 20 unterschiedlichsten Ständen

Sevilla — Plan S. 20/21

ADAC *Mobil*

> Eine Lücke in den zentrumsnahen **Kurzparkzonen** rund um den Torre de Oro zu finden, ist keine leichte Aufgabe, aber nicht unmöglich. Die Sevillanos versuchen ihr Glück bei den Jardines de Murillos, an der Antigua Fábrica de Tabaco sowie im Stadtteil Arenal (Teatro de la Maestranza und Plaza de Toros).

bei Einheimischen und Besuchern gleichermaßen beliebt, ein Gastronomie-Hotspot der Stadt.
■ C/ Arjona s/n, Tel. 095/4 22 04 95, www.mercadolonjadelbarranco.com, So–Do 10–24, Fr, Sa 10–2 Uhr

Parken

Aufgrund der extremen Hitze im Sommer ist das Auto im Schatten einer **Tiefgarage** gut aufgehoben, etwa an der **Estación de Autobuses** (Plaza de Armas, C/ Arjona s/n, 2,40 € pro Std., 27,40 € pro Tag, Plan S. 20/21 b3) an der Puente del Cachorro am Expo-Gelände oder am **Paseo de Colón** (1,75 € pro Std., 17,50 € pro Tag, Plan S. 20/21 c4).

Restaurants

€€ | **La Azotea** Mediterrane Köstlichkeiten in vier Niederlassungen im Zentrum. Zum Brunch ab 9 Uhr geht man am besten in die Azotea in der C/ Mateos Gago, wo es bis 24 Uhr durchgehend warme Küche gibt – das ideale Lokal für alle, die sich nicht sofort an den andalusischen Essrhythmus gewöhnen wollen. Die anderen Filialen öffnen zum Mittag- und Abendessen von 12.30 bis 16 und 20 bis 23 Uhr.
■ C/ Mateos Gago 8, Tel. 954/21 58 78, C/ Jesús del Gran Poder 31, Tel. 955/11 67 48, C/ Zaragoza 5, Tel. 095/4 56 43 16, C/ Conde de Barajas 12, Tel. 955/18 93 26, www.laazoteasevilla.com, Plan S. 20/21 d2

€€ | **El Rinconcillo** Seit 1670 existiert die traditionsreichste Tapasbar mit Restaurant in der Stadt. Die Gäste erwartet ein rustikales Dekor. El Rinconcillo spielte bereits die Hauptrolle in vielen Kino- und Werbefilmen. ■ C/ Gerona 40, Tel. 954/22 31 83, www.elrinconcillo.es, tgl. 13–1.30 Uhr, Plan S. 20/21 e2

Kneipen, Bars und Clubs

Lounge Bar Moss Bar mit kosmopolitischer Atmosphäre und lounge-artiger Einrichtung. Für musikalische Untermalung sorgen DJs, die karibischen Cocktails werden mit frischen Früchten serviert. ■ C/ Laraña 2 (unter »Las Setas«), tgl. 15–3 Uhr, Plan S. 20/21 d2

Erlebnisse

Barcas Plaza de España Ruder- und Elektromotorbootsverleih an den Kanälen rund um die sehenswerte Plaza (S. 24) – ein beliebter Zeitvertreib, daher am besten gleich frühmorgens an Bord gehen. ■ Plaza España 1, Tel. 663/30 52 32, Juli–Sept. 10–22, Okt.–Juni bis 20 Uhr, Ruderboot (max. 4 Pers.) 6 € (35 Min.), 10 € (70 Min.), Elektroboot (max. 12 Pers.) 12 € (15 Min.), Plan S. 20/21 e5

Entspannung

Arabisches Bad »Aire de Sevilla« Luxuriöses Hammam, das preislich erschwinglich ist. Neben wohltuenden Wechselbädern bietet es Massagen und einen Infinity-Pool mit Blick auf die Altstadt. ■ C/ Aire 15, Tel. 955/01 00 24, www.airedesevilla.com, tgl. 9–

22.30 Uhr, Eintritt ca. 2 Std. 33 €, inkl. 15 Min. Massage 49 €, Reservierung erforderlich, Plan S. 20/21 e4

Triana: Eintauchen in die andalusische Seele

Sevillas angesagtes Szeneviertel, in dem die Tradition immer noch lebendig ist

Im beliebten Stadtteil Triana, der durch die Puente Isabel II. mit dem übrigen Zentrum verbunden ist, lebten einst v.a. Arbeiter, Fischer und Handwerker. Dazu zählten auch Keramiker, deren Fabrik heute das Azulejo-Museum beherbergt und einen Fixpunkt im Viertel bildet. Triana präsentiert sich voller Leben mit typisch andalusischem Flair: Belebte Tapasbars, Restaurants, Diskotheken und Kneipen sowie Flamenco-Tablaos reihen sich aneinander. Auf den Barterrassen am Flussufer mit Blick auf die Altstadt genießen die Sevillanos den Sonnenuntergang. Und gleich hinter dem Puente Isabel II. öffnet sich die belebte, mit Bars und Cafés gesäumte Plaza del Altozano. Von hier zweigt Richtung Norden die bis spätnachts belebte C/Betis ab, eine der Uferpromenaden mit herrlichem Blick auf die Monumente der Altstadt. Die C/Castilla verläuft von der Plaza aus nach Süden. Sie gilt mit ihren klassischen Tavernen als bekannteste »Tapas-Straße« in Sevilla. Geradeaus Richtung Südwesten führt die C/San Jacinto in das historische Herz des einstigen Arbeiterviertels.

10 Puente Isabel II.
| Brücke |

Auch als Puente de Triana bekannt, verbindet die Straßenbrücke Puente Isabel II. das Zentrumsviertel El Arenal mit Triana. Die Eisenkonstruktion, die in Sevilla gegossen wurde, stellte nach ihrer Fertigstellung 1852 die erste fixe Brückenverbindung Sevillas dar – ein französisches Ingenieurduo war für die knapp 136 m lange technische Meisterleistung verantwortlich. Heute genießen in erster Linie Touristen den

Beeindruckende Eisenarchitektur des 19. Jh.: der Puente Isabel II.

Sevilla

weiten Blick von der Brücke auf den Fluss, das Altstadtensemble und die Häuserfronten Trianas. Vor allem zum Sonnenauf- und -untergang lassen sich hier zauberhafte Lichtstimmungen einfangen.

11 Iglesia de Santa Ana
| Kirche |

Auch als »Kathedrale von Triana« bekannt, ist die Iglesia de Santa Ana der älteste noch erhaltene Kirchenbau Sevillas. Das dreischiffige, hauptsächlich im gotischen Stil gehaltene Gotteshaus wurde im 13. Jh. errichtet. Der Turm zeigt deutliche Anklänge an den Mudéjar-Stil des 14. Jh. Sehenswert im Inneren sind der barocke Altar aus dem 16. Jh., eine frühe Skulptur der hl. Anna mit Kind aus dem 13. Jh. sowie zahlreiche Gemälde aus der Zeit der spanischen Renaissance.

■ C/ Vázquez de Leca 1, www.santanatriana.org, Mo–Do 10.30–13.30, Di, Mo auch 16.30–18.30 Uhr, Eintritt 2 €

12 Museo Cerámica Triana
| Museum |

Einen Einblick in die lange Historie der Töpferwarenherstellung bietet dieses Museum in der alten Keramikfabrik von Triana. Im Obergeschoss veranschaulicht eine umfangreiche Sammlung Stilrichtungen und Techniken. Gezeigt werden u.a. die berühmten »Azulejos« mit arabisch beeinflussten geometrischen Motiven und deren Vorläufer sowie Gebrauchskeramik und Porzellan. Ein Shop verkauft wunderbare Mitbringsel für Zuhause.

■ C/ San Jorge 31, Tel. 954/34 15 82, www.patrimoniumhispalense.com/es/espacio/centro-ceramica-triana, Di–Sa 10–14, 17–20, So 10–15 Uhr, Eintritt 2,10 €, erm. 1,60 €

13 Centro Andaluz de Arte Contemporáneo CAAC
| Kunstmuseum |

Im Kartäuserkloster Santa María de las Cuevas untergebracht, widmet sich dieses 1997 eröffnete Museum der andalusischen Gegenwartskunst. Neben einer ausgezeichneten permanenten Kollektion und exzellent-kuratierten temporären Ausstellungen, wird ein vielseitiges Programm mit Konzerten und Filmaufführungen geboten.

■ Av. Américo Vespucio 2, Busse C1 und C2 vom Zentrum, Tel. 955/03 70 70, www.caac.es, Di–Sa 11–21, So 10–15.30 Uhr, Eintritt 3 €, Sa 11–21 Uhr frei

14 Expo-92-Gelände
| Moderne Architektur |

Das Areal der Weltausstellung von Sevilla lädt zu ausgiebigen Spaziergängen ein: durch Parkanlagen wie den Jardines de Magallanes, vorbei an den Expo-Pavillons und an modernen Bauten wie der massigen, postmodernen Torre Triana und der 178 m hoch aufragenden Torre Sevilla von César Pelli. Unter den Pavillons auf der Isla de la Cartuja ist der Pabellón de la Navegación sicher der eindrucksvollste, ein Entwurf von Guillermo Vázquez Consuegra. Er beherbergt heute das Museum der Seefahrt, das auch für Kinder bestens geeignet ist. Hier wird die Geschichte der spanischen Entdeckungsreisen unmittelbar begreifbar. Auf dem Areal des Pavillons erhebt sich der ebenfalls von Consuegra anlässlich der Weltausstellung errichtete Aussichtsturm Torre Schindler, der einen tollen Blick auf das historische Zentrum und das umliegende Expo-Areal eröffnet.

■ Museum der Seefahrt, Camino de los Descubrimientos 2, Tel. 954/04 31 11, www.pabellondelanavegacion.com, Okt.–

Triana: Eintauchen in die andalusische Seele | Sevilla

Ein altes Kloster zeigt heute andalusische Kunsttrends des 20. Jh.

März Di–Sa 10–19.30, So 10–15, Juli–Aug. Di–So 10–15.30, sonst Di–Sa 11–20.30, So 11–15 Uhr, Eintritt 4,90 €, erm. 3,50 €, bis 5 Jahre frei

■ Torre Schindler, nur im Rahmen einer Führung: Di–Sa um 11, 12, 13, 16.30, 17.30, 18.30, So 11, 12, 13, 14 Uhr, Eintritt 2 €

Parken

In Triana finden sich Parkplätze in den **Kurzparkzonen** außerhalb der Stoßzeiten. Eine Alternative ist das **Parkhaus** Mercado del Arenal (C/ Genil s/n, 1,85 € pro Std., 18 € pro Tag) nahe Mercado Lonja del Barranco auf der anderen Fluss-Seite am Puente Isabel II. ■ Plan S. 20/21 b3.

Restaurants

€ | Taberna Sol y Sombra Typisch andalusische Küche in Stierkampf-Ambiente. Das Lokal ist dekoriert mit vielen Plakaten, Andenken sowie Fotos berühmter Toreros. ■ C/ Castilla 147, Tel. 954/33 39 35, www.taberna solysombra.com, Mo–Sa 13–16.30, 20.30–24 Uhr, Plan S. 20/21 a3

€€–€€€ | La Primera del Puente Wie der Name schon sagt: Es ist das erste Lokal nach der Brücke am Puente Isabel II. Auf den Tisch kommt Fisch in Topqualität. Terrasse am Guadalquivir mit Blick auf die Altstadt. ■ C/ Betis 66, Tel. 954/27 69 18, www.laprimeradel puente.net, tgl. 12–16, 20–24 Uhr, Reservierung empfohlen, Plan S. 20/21 c5

Bühne

El Arenal Bereits seit 1975 ist das El Arenal eine Institution in Sachen Flamenco. In einem Stadthaus aus dem 18. Jh. kommen hier täglich zwei »Espectáculos« zur Aufführung, jeweils

Sevilla

Im Blickpunkt

Ibérico-Schinken und -Schweine

Kein Vergleich zum weitaus günstigeren Jamón Serrano: Die Rohschinken-Spezialität »Jamón Ibérico de Dehesa« stammt von den typischen schwarzen Ibérico-Schweinen, die sich in den Stein- und Korkeichenhainen der Sierra de Aracena, im Nordwesten der Provinz Sevilla, in der Extremadura und in Kastilien-León sauwohl fühlen. Für die Topqualität des Schinkens, dessen Kilopreis meist mehr als 150 € beträgt, werden die Schweine ausschließlich mit Eicheln gefüttert. Eine der besten Sorten wird in Jabugo (Huelva) erzeugt: Eine kleine Portion dieser Köstlichkeit (100 g) kostet in Tapasbars meist 17 bis 25 €. Die Variante »de cebo«, der von normal gefütterten Ibérico-Schweinen stammt, ist ein wenig günstiger, aber ebenso ein Hochgenuss. Übrigens: Das Fett des Ibérico-Schinkens ist Geschmacksträger und sollte Teil des Genusses bleiben.

mit über 1,5 Stunden voller Tanz, Gesang und Gitarrenklänge. ■ C/ Rodo 7, Tel. 095/421 64 92, www.tablaoelarenal.com, 19.30 und 21 Uhr, Eintritt 38 € (1 Getränk inkl.), Plan S. 20/21 c4

Kinder

Isla Magica Der Vergnügungspark auf der Isla de la Cartuja bietet eine Vielzahl von Attraktionen für die ganze Familie. Der angeschlossene Wasserpark Agua Mágica sorgt mit seinen Rutschen v.a. in den heißen Sommermonaten für Abkühlung und zusätzlichen Spaß. ■ Rotonda Isla Mágica, Isla de la Cartuja, Busse C1 und C2, www.islamagica.es, Juni–10. Sept. Mo–Fr 11–23, Sa bis 24 Uhr, sonst siehe Website, Tagespässe ab 36 €, erm. 28 €, S. 20/21 nördl. c1

Events

Bienal de Flamenco Das Festival zählt zu den wichtigsten Flamenco-Events weltweit. Es findet alle zwei Jahre im September mit zahlreichen Veranstaltungen an verschiedenen Orten in Sevilla statt. ■ www.labienal.com

2 Itálica

 Imposante Ruinen eines antiken römischen Verwaltungszentrums

Information

■ OIT, C/ la Feria s/n, ES-41970 Santiponce, Tel. 095/599 80 28, www.santiponce.es, Di–So 9–15 Uhr

In der Nähe der Ortschaft Santiponce, 10 km nördlich von Sevilla, breitete sich einst die blühende Verwaltungsstadt Itálica aus, die wesentlichen Anteil an der Romanisierung der Provinz Hispanien hatte. Die Ruinen der Alt- und Neustadt geben mit ihren Bädern, Statuen, Tempeln und einem Amphitheater einen tollen Eindruck vom Alltag zur Zeit des Imperiums. Die Wurzeln Itálicas liegen Überlieferungen zufolge um 206 v.Chr., als der Feldherr Publius Cornelius Scipio Africanus an dieser Stelle ein Armeelager aufschlagen ließ. Später ließen sich in der Stadt zwei wichtige römische Kaiser nieder,

Trajan und Hadrian. Die Ruinen bestechen mit exzellent erhaltenen Mosaiken, die bei einem Rundgang über das immense Areal begutachtet werden können. Zwei Stunden sollte man mindestens für den Besuch einplanen.
■ Av. de Extremadura 2, Santiponce, Tel. 955/12 38 47, Jan.–März, 16. Sept.–Dez. Di–Sa 9–18, April–15. Juni Mo–Sa 9–20, 16. Juni–15. Sept. 9–15, ganzjährig So und Feiertag 9–15 Uhr, Eintritt frei für EU-Bürger, sonst 1,50 €

Restaurants

€–€€ | **Ventorillo Canario** Traditionsreiches Grillrestaurant bei den Ruinen von Itálica. Spezialitäten sind neben der Paella-Variante mit Rebhuhn (»Arroz con Perdiz«) Spanferkel vom Rost, Filet vom Ibérico-Schwein oder Ochsensteak. Dazu gibt es die typischen Kartoffeln (»Papas Arrugadas«) der Kanarischen Inseln. ■ Av. Extremadura 13, Santiponce, Tel. 955/99 67 00, www.ventorrillocanario.es, tgl. 13–17, 20–1 Uhr

3 Carmona

Vier Pforten führen in dieses seit den Karthagern stark befestigte Bollwerk

Information

■ OIT, C/ Alcázar de la Puerta de Sevilla (im Alcázar de la Puerta de Sevilla), ES-41410, Tel. 954/19 09 55, www.turismo.carmona.org, Sept.–Juni Mo–Sa 10–18, So, Feiertage 10–15, Juli–Aug. Mo–Fr 9–15, Sa, So, Feiertage 10–15 Uhr

Schon Julius Caesar bezeichnete das einstige Carmo als »die stärkste Stadt der Provinz«, und er war es auch, der dem wichtigen Handelsplatz das Stadtrecht erteilte. Heute weiß man, dass die Gegend um Carmona bereits vor über 5000 Jahren besiedelt war. Von der einstigen Wehrhaftigkeit Carmonas zeugt der Alcázar de la Puerta de Sevilla, der die rund 28 000 Einwohner zählende Kleinstadt überragt. Heute sind die Tore der Stadt für jeder-

Carmona war bereits in der Zeit der Antike ein wichtiger Handelsplatz

Carmona

Unter der zentralen Plaza de España in Écija fand man bedeutende römische Ruinen

mann geöffnet, die Bewohner sind gastfreundlich und – typisch andalusisch – voller Stolz auf ihr Kulturerbe und ihre gastronomische Tradition, die in vielen Lokalen gelebt wird.

Sehenswert

Alcázar del Rey Don Pedro
| Festung |
Die Burg- und Palastanlage gilt als kleiner Bruder der berühmten Reales Alcázares von Sevilla. Für beide Komplexe ließ Pedro I. (»der Grausame«) im 14. Jh. die Bauten vorangegangener Herrscher (Mauren, Römer und Karthager) umgestalten. Den unteren Festungsteil bildet der Alcázar de la Puerta de Sevilla, wo sich auch der Eingang befindet. Einige der reich mit Ornamenten verzierten maurischen Patios der Anlage gehören heute zu einem mondänen Hotel.

■ C/ Los Alcázares, www.museociudad.carmona.org, Mo–Fr 9–15, Sa, So, Feiertage 10–15 Uhr, Eintritt 2 €, erm. 1 €, Mo frei

Restaurants

€€ | **Restaurante La Almazara** Das Lokal empfängt seine Gäste in einer alten, elegant-rustikal umgebauten Olivenmühle (»Almanzara«) mit schönem Garten. Die Speisekarte bietet erschwingliche Gaumenfreuden. Reservierung empfohlen. ■ C/ Santa Ana 33, Tel. 095/419 00 76, tgl. 13–23.30 Uhr

Cafés

Parador de Carmona Das Café des Luxushotels im Alcázar ist ein einziger malerisch-maurischer Traum. Auch wer nicht hier nächtigt, kann die herrliche Aussicht von der Terrasse bei einer guten Tasse Kaffee genießen.

Écija

■ C/ Higueral del Alcázar s/n, Tel. 095/414 10 10, www.parador.es, tgl. 11–24 Uhr

4 Écija

Geschichtsträchtige Stadt der Türme in der »Bratpfanne« Andalusiens

i Information

■ OIT (im Palacio Benamejí, Historisches Museum), C/ Elvira, ES-41400, Tel. 955/90 29 33, www.turismoecija.com, Mo–Fr 10–14, Sa 10–15, 20–22, So 10–15 Uhr

In einem der heißesten Landstriche Spaniens, 84 km östlich von Sevilla, zeigt sich Écija als typisch andalusische Kleinstadt, in der die Traditionen gepflegt werden. Neben den zahlreichen Kirchen, allen voran die Iglesia de los Descalzos und die Iglesia de Santa Maria, ist das Historische Museum einen Besuch wert. Aufgrund der jahrtausendealten Besiedlungsgeschichte der Region – von der Stein- und Bronzezeit bis zur Ankunft der Tartesser, Römer und Mauren – birgt es zahllose Schätze. An der zentralen Plaza de España lässt sich nicht nur wunderbar der Sonnenuntergang genießen. Landestypische Bars, Kaffeehäuser und Restaurants laden zur Stärkung und Abkühlung in klimatisierten Räumen ein.

Sehenswert

Las Torres de Écija
| Kirchtürme |

Besuchern wird schnell klar, warum Écija auch »die Stadt der Türme« genannt wird. Nicht weniger als elf unterschiedlichste Glockentürme von Kirchen und Klöstern prägen das Erscheinungsbild der Stadt. Sie lassen sich am besten während eines Rundgangs durch das Zentrum aufspüren. Zu den schönsten zählen die der Iglesia de Nuestra Sra. de la Victoria (Av. de Andalucía 2), der Iglesia de Santa María (Plaza Santa María 2), der neoklassizistischen Iglesia del Carmen (C/ Ntra. Sra. del Carmen 8) sowie der Iglesia de San Gil Abad (C/ San Antonio, s/n). Die Zwillingstürme »Las Gemelas« der Iglesia de la Purísima Concepción (Plaza del Vélez de Guevara) waren einst Teil einer Klosteranlage.

■ Das Tourismusamt bietet eine »Tour der Türme« an, Termine und Preis auf Anfrage

Museo Histórico
| Museum |

Das Museum im Palacio de Benamejí überrascht mit einer reichen Sammlung von Kunstschätzen: von Zeugnissen der menschlichen Frühgeschichte ab der Bronze- und Eisenzeit, über römische Mosaike bis hin zu Inschriften und Kapitälen der arabischen Ära. Zu den Highlights zählt die berühmte »Placa de Écija«, eine feine Goldschmiedearbeit aus der Tartesser-Zeit. Fundstücke aus dem häuslichen Alltag der jeweiligen Epochen vervollständigen die Ausstellung.

■ C/ Cánovas del Castillo 4, Tel. 954/83 04 31, http://museo.ecija.es, Di–Fr 10–13.30, 16.30–18.30, Sa 10–14, 17.30–20, So 10–15 Uhr, Eintritt frei

Sport

Club de Piragüismo Am Rio Genil können Rafting-Touren gebucht werden, auch Kanuausflüge sind im Angebot. ■ Paseo fluvial del Parque San Pablo, Tel. 658/17 27 04, www.piraguismoecija.es, Preise auf Anfrage

5 Utrera

Die »Ehrenstadt des Flamencos« mit Festung und altem jüdischen Viertel

Information

OIT, C/ San Fernando 2, ES-41710,
Tel. 954/87 33 87, www.turismoutrera.org,
Mo–Sa 10–14 Uhr

Utrera gilt als eine der Wiegen des Flamencos. Seine »Feria«, das Stadtfest im September, lockt Flamenco-Stars und Fans gleichermaßen an. Aber v.a. das denkmalgeschützte mittelalterliche Zentrum bezaubert Besucher in Utrera. Zu den Baudenkmälern der Stadt zählen einige sehenswerte Kirchen, z.B. die 1401 errichtete Iglesia de Santa María de la Mesa, sowie eine Festung aus dem 14. Jh., die sich über 1,5 km² erstreckt. Alte Olivenmühlen sind im Stadtkern vielfach präsent. Und die pittoreske, von weißen Häusern geschmückte Passage des verlorenen Kindes, »Niño Perdido«, führt in das einst von der jüdischen Bevölkerung bewohnte Viertel, das heute mit seinen Bars und Restaurants das pulsierende Zentrum der Kleinstadt bildet.

Sehenswert

Castillo de Utrera
| Festung |

Überaus turbulent verlief die Geschichte dieser weitläufigen Festung auf einer Anhöhe inmitten der Stadt. Im Jahr 1246 wurde sie erstmals von Alfonso X. (»dem Weisen«) erwähnt, 1264 nahm der Großmeister des Calatrava-Ordens, Pedro Yáñez, die Wehranlage ein und baute sie zum Bollwerk aus. Die Mauern hielten bis zum Jahr 1368, dann legte Mohamed V. von Granada sie in Trümmer. Erst am Ende der Reconquista im 14. Jh. wurde die Burg wiederaufgebaut. 1810 wurde sie noch einmal beschädigt, diesmal von der französischen Armee, die die rebellierende Bevölkerung in Schach halten

Traditionelle Trachten und andalusische Pferde bei der Feria von Utrera

Lebrija

wollte. Heute beherbergt das riesige Areal einige sehenswerte Gärten. Im Sommer finden Theateraufführungen innerhalb der Burgmauern statt.

■ C/ la Fuente Vieja 7, Öffnungszeiten variieren, Eintritt auf Anfrage beim Tourismusamt

Restaurants

€€ | **Bar Besana** Kulinarisches Design aus der Hand eines Küchenmeisters. Auf der Karte stehen u.a. Kim-Chi-Gazpachuelo, Miesmuschel-Pastete, Lamm-»Pionono« (Abwandlung einer Süßigkeit aus Granada). ■ C/ Niño Perdido 1, Tel. 955/86 38 04, www.besanatapas.com, Di–Sa 18–23.30 Uhr

Bühne

Peña Flamenca »Curro de Utrera« Liebhaber des Flamencos kommen in dieser traditionsreichen und ausgezeichneten »Peña« (Flamenco-Verein), voll auf ihre Kosten – und das oftmals sogar kostenlos. ■ C/ Pérez Galdós 11, Programm und Infos Tel. 095/586 45 86, Mo–Fr 8.30–14, 17.30–20 Uhr, Konzerte meist um 22 Uhr, Eintritt häufig frei

6 Lebrija

Die Perle der Marismas in den Feucht gebieten der Guadalquivir-Mündung

Information

■ OIT, C/ Tetuán 15 (in der Casa de la Cultura), ES-41470, Tel. 095/597 40 68, www.lebrija.es

In der fruchtbaren Ebene der Marismas (Marschland) am Delta des Guadalquivir-Flusses liegt das Städtchen Lebrija mit knapp 27 000 Einwohnern und einem bezaubernden Stadtkern. Von den Ruinen der arabischen Festung (9. Jh.) aus offenbart sich ein fantastischer Weitblick auf die Umgebung. Die üppige Vegetation und das deutlich mildere Klima zeugen von der Nähe zum Atlantik und dem Nationalpark Coto de Doñana (S. 108). In der Region werden Quinoa, Baumwolle, Reis sowie Weintrauben für die Sherrys vom nahen Jerez de la Frontera angebaut. Aus der Gegend stammt auch der hervorragende mit Florhefe verstärkte Weißwein »Flor de Lebrija«.

Sehenswert

Parroquía de Nuestra Señora de La Oliva
| Kirche |

Der Glockenturm der Hauptkirche der Stadt ist von der berühmten Giralda von Sevillas Kathedrale inspiriert. Das Altarbild im Inneren stammt von Alonso Cano, einem der bekanntesten Barockmaler Spaniens. Ein weiteres Kleinod der Sakralarchitektur ganz in der Nähe, am Weg zu den Festungsruinen, ist die Mudéjar-Kirche Santa María del Castillo, die mit typisch maurischen Hufeisenbögen versehen ist.

■ Plaza Rector Merina 4, Di–Fr 11–13, 17–20, Sa, So 19–21 Uhr, Eintritt frei

Erlebnisse

Bodega González Palacios Das 1960 gegründete Weingut produziert den sherry-ähnlichen Weißwein »Flor de Lebrija«. Es werden Führungen durch die Keller und Weinberge mit Verkostung angeboten. ■ C/ Consolación 60, www.gonzalezpalacios.com, Tel. 955/97 40 84, Führung (max. 5 Pers.) 60 €

Von Sevilla durch das Guadalquivir-Tal

 ## Übernachten

Das Angebot an Hotels in Sevilla ist einer Hauptstadt angemessen und entsprechend groß und breit gefächert. Besonders reizvoll sind kleinere stilechte Unterkünfte in Herrenhäusern aus dem 16. und 17. Jh., die mit viel Geschmack und technischem Know-how an die Erwartungen internationaler Gäste angepasst wurden. Daneben warten moderne Boutiquehotels oder minimalistisch eingerichtete Aparthotel-Unterkünfte für Familien. Außerhalb Sevillas – vom Guadalquivir-Tal bis zu den Marismas der Flussmündung – sinken die Preise und der Erholungsfaktor steigt. Landhotels empfangen ihre Gäste in malerisch gelegenen alten Fincas und Haciendas. Die Vorzüge eines Pools sind in dieser Gegend nicht zu unterschätzen, bei sommerlichen Temperaturen um 45° C.

Sevilla 18

€ | **Apartamentos Central Suite** An zwei Standorten in Sevilla bieten die Central-Suite-Apartments sieben topausgestattete, helle und gepflegte Apartments – alle mit Blick auf das Zentrum. Eine Dachgeschoss-Suite ist ideal für Familien. ■ C/ San Gregorio 24 und C/ Fabiola 11, ES-41004, Tel. 955/23 22 49, www.sevillacentralsuites.com

€ | **Hotel Boutique Elvira Plaza** Wohnlich, hell, mit herrlicher Aussicht und minimalistischem Interieur – das familiäre Boutiquehotel bietet ein hervorragendes Preis-Leistungs-Verhältnis für eine Bleibe direkt im Zentrum. Frühbucher können Zimmer zu Top-Preisen ergattern. ■ Plaza Doña Elvira 5, ES-41004, Tel. 954/22 73 88, www.hotelelviraplaza.com

€ | **Hotel Ribera de Triana** **** Unterkunft mitten im Stadtteil Triana, mit Pool auf der Dachterrasse und Blick auf den Fluss und das historische Zentrum – und das alles bekommt man zu erstaunlich fairen Preisen. ■ Plaza Chapina s/n, ES-41010, Tel. 954/26 80 00, www.hotelriberadetriana.com

€€ | **Hotel Alcoba del Rey** *** Ein Traum wie aus Tausendundeiner Nacht. Alle Zimmer sind unterschiedlich im arabischen Stil eingerichtet. Die Lage bei der Basílica de Macarena ist zentral, Dachterrasse und ein feines Hotelrestaurant sind vorhanden. Auf Anfrage kann auch der Whirlpool des Hauses genutzt werden. ■ C/ Bécquer 9, ES-41002, Tel. 954/91 58 00, www.alcobadelrey.com

€€ | **Hotel Boutique El Rey Moro** *** In der Nähe der Reales Alcázares nächtigen die Gäste hier dem historischen Ambiente angemessen in einem Stadt-Palacio aus dem 16. Jh. Alle Zimmer sind individuell und mit viel Komfort ausgestattet. Kinder unter zwölf Jahren sind nicht willkommen, sehr wohl aber Haustiere nach Voranmeldung. ■ C/ Reinoso 8, ES-41004, Tel. 954/56 34 68, www.elreymoro.com

€€ | **Hotel Sevilla Macarena** **** Mit Blick auf die alte arabische Stadtmauer nur 20 Min. von der Altstadt Sevillas im Stadtteil Macarena vis-à-vis der Basilica gelegen. Das Vier-Sterne-Hotel bietet herrschaftlichen Luxus zu relativ moderaten Preisen, 331 modernelegante Zimmer und ein großartiges Frühstücksbuffet (10 €). Hoteleigene Tiefgarage, Pool. ■ C/ San Juan de Ribera 2, ES-41009, Tel. 954/375 800, www.hotelsevillamacarena.com

€€€ | **Hotel Alfonso XIII.** Das Alfonso gehört zu den luxuriösesten Adressen der Stadt. Architekt José Espiau y Muñoz stattete das Innere im prächtigen Neomudéjar-Stil aus. Die Zimmer mit edlen Steinböden warten mit allen erdenklichen Annehmlichkeiten auf. Preislich spielt das Haus zwar in der Oberliga, Frühbucher können ein Doppelzimmer aber schon für ca. 200 € ergattern. ■ C/ San Fernando 2, ES-41004, Tel. 954/91 70 00, www.hotel-alfonsoxiii-sevilla.com

Carmona 31

€€ | **Alcázar de la Reina** **** Traumhaftes Vier-Sterne-Hotel in einer alten Festung mit exklusiv ausgestatteten Zimmern, Kunstwerken überall, lauschigen Patios und Swimmingpool, der in der Hitze der Provinz für Abkühlung sorgt. Das Hotelrestaurant ist ausgezeichnet. Sogar die Preise überraschen positiv. ■ C/ Hermana Concepción Arellana 2, ES-41410, Tel. 954/19 62 00, www.alcazar-reina.es

Écija 33

€ | **Hotel Palacio de los Granados** ** Dieses Hotel hätte einen oder zwei Sterne mehr verdient. Das spätbarocke Gebäude aus dem 18. Jh. besticht mit einer gepflegten Einrichtung, schattigen Patios mit Grünpflanzen und einem privaten Pool. ■ C/ Emilio Castelar 42, ES-41400, Tel. 955/90 53 44, www.palaciogranados.com

Lebrija 35

€ | **Hotel Énfasis** ** Topmodernes, freundliches Hotel mit neun Zimmern, z.T. mit Hydromassage-Badewanne. Aufgrund seiner Lage zwischen Sevilla (S. 18), Cádiz (S. 112, je 1 Std.) und Jerez de la Frontera (S. 110, 35 Min.) ist es eine ideale Basis für Ausflüge. ■ Av. 19 de Diciembre, ES-41749 El Cuervo, ca. 10 km südöstlich von Lebrija, Tel. 954/49 69 98, www.enfasishotel.com

ADAC *Das besondere Hotel*

Das charmante Landhotel **Hacienda de Orán** auf einer Finca aus dem 16 Jh. bietet liebevoll andalusisch eingerichtete Zimmer. Die Hacienda mit großen Grünflächen, Terrassen und Pool liegt nur knapp 20 km von Sevilla entfernt – die perfekte Alternative für all jene, die das ländliche Andalusien bevorzugen, aber auf ein Abendessen in der City nicht verzichten möchten. €€ | *Carretera A-8029 Km 7, ES-41710, Tel. 095/581 59 94, www.haciendadeoran.com*

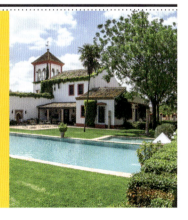

Málaga, die Costa del Sol und die Serranía de Ronda

Vom pulsierenden »Málaga der Museen« und den Touristenzentren der Costa del Sol zu den unberührten Stränden von Nerja

Die Mittelmeerprovinz Málaga hat weitaus mehr zu bieten als Sonne, Strand und Meer. Sie ist ein lebendiges Bilderbuch der Geschichte. An vielen Orten lässt sich die bewegte Historie hautnah erleben, etwa in den Höhlen von Nerja mit ihren Felsmalereien, in den arabischen Festungen der Provinzhauptstadt, Alcazaba und Castillo de Gibralfaro, oder in den vielen alten arabischen Dörfern mit engen, verwinkelten Gässchen. Während die Costa del Sol mit ihrer guten touristischen Infrastruktur unangefochtene Nummer eins für sonnenhungrige Urlauber ist, präsentiert sich Málaga, Pablo Picassos Geburtsstadt, mit seinen modernen Museen als Magnet für Kulturliebhaber. Im Hinterland der Provinz lockt das Bergland (»serranía«) um die romantische Stadt Ronda. Und die atemberaubenden Dolmen von Antequera, eine Weltkulturerbestätte, demonstrieren eindrucksvoll, zu welchen Höchstleistungen die ersten Bewohner der Region bereits fähig waren.

In diesem Kapitel:

7 Ronda 40
8 Marbella 41
9 Mijas 42
10 Málaga 44
11 Álora und der Caminito del Rey 50
12 Antequera 51
13 Nerja 52
Übernachten 54

ADAC Top Tipps:

 Ronda
| Stadtbild |
Die geschichtsträchtige weiße Stadt in den Bergen im Hinterland der Costa del Sol thront auf zwei schroffen Felsplateaus, die durch eine spektakuläre Schlucht getrennt sind. Eine Steinbrücke aus dem 18. Jh. verbindet die Stadtteile mit ihren verwinkelten Gassen. 40

 Centre Pompidou Málaga
| Kunstmuseum |
Unter dem bunten Plexiglaswürfel »El Cubo« an der Hafenmole hat sich die erste Auslands-Dependance des Pariser Topmuseums niedergelassen. Die moderne Ausstellungsfläche gilt als Symbol für Málagas Metamorphose zur Kulturmetropole in den letzten Jahren. 47

ADAC Empfehlungen:

 Tragatá, Ronda
| Restaurant |
Die moderne und kreative Tapasbar vom aufstrebenden Küchenchef Benito Gómez bietet einen äußerst geschmackvollen Kontrast zum traditionellen Ambiente im Zentrum von Ronda. 41

 Benalmádena Puerto Deportivo
| Ferienzentrum |
Ein Unterhaltungsparadies für die ganze Familie an der Costa del Sol mit Aquarien, Vergnügungsparks und Europas größtem Schmetterlingshaus. 43

 Museo Automovilistico y de la Moda, Málaga
| Museum |
Mehr als 100 legendäre Oldtimer, Rennwägen und Prototypen in einer der größten Sammlungen zur Geschichte des Automobils. 48

 Casa Pepa Fonda, Álora
| Restaurant |
Üppige Portionen deftig-ehrlicher Hausmannskost, ganz so wie man es bei der andalusischen Großmutter auf den Teller bekommt. 50

Caminito del Rey, Álora
| Wanderweg |
Mutige können sich in der Provinz von Málaga auf einen Wanderweg mit schwindelerregenden Klettersteigen wagen. Der kürzlich renovierte und gesicherte »Königs-Pfad« durch die enge Schlucht des Desfiladero de los Gaitanes sorgt nach wie vor für wackelige Knie. 51

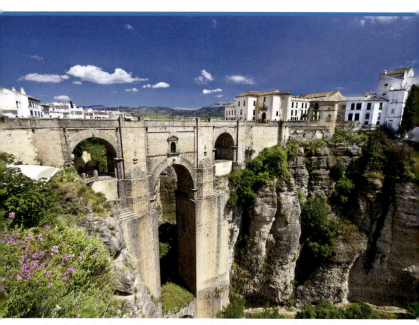

Der dreibogige Puente Nuevo spannt sich über die 120 m tiefe Schlucht von El Tajo

Ronda

 Schon Ernest Hemingway war von Ronda begeistert – zu Recht!

Information

■ OIT, Paseo de Blas Infante s/n, ES-29400, Tel. 952/16 93 11, Juli, Aug. tgl. 10–19, Sept.–Juni Mo–Fr 10–18, Sa bis 17, So bis 14.30 Uhr, www.turismoderonda.es

»Nach Ronda müsstet ihr fahren, wenn ihr nach Spanien reist, um eure Flitterwochen zu verleben, oder mit einer Geliebten eben«, riet einst Ernest Hemingway begeistert. Etwa 100 km von Málaga entfernt, verteilt sich Ronda malerisch über ein zweigeteiltes Felsplateau. Die zwei Stadthälften sind durch den Puente Nova miteinander verbunden, eine spektakuläre Brücke, aus dem 18. Jh. Ronda strotzt vor Geschichte und Architekturperlen. Es sind aber v.a. die Bewohner, die das authentisch-andalusische Flair der Stadt prägen. Ronda ist bekannt für seine Folklore und eine Wiege des Stierkampfs. Auch wenn man dem spanischen Stierkampf kritisch gegenübersteht, ist die Arena von 1785 sehenswert und eine der ältesten und traditionsreichsten im Land. Ronda gilt zudem als einer der ältesten von Menschen besiedelten Orte im Land, denn bereits in der Jungsteinzeit hat es hier in der Serranía de Ronda eine erste Ansiedlung gegeben.

Sehenswert

Puente Nuevo
| Brücke |
Die imposante Steinbrücke aus dem 18. Jh. ist das Wahrzeichen der Stadt. Sie spannt sich über eine tiefe Schlucht

und verbindet die zweigeteilte Altstadt. In schwindelerregender Höhe überquert man auf ihr den Río Guadalevín, der in Ronda »El Tajo« genannt wird. Von den Terrassen der Bars auf beiden Seiten kann man den einzigartigen Blick auf die Stadt und die Brücke in aller Ruhe genießen.

Rilke-Statue
| Denkmal |
Der Dichter Rainer Maria Rilke verbrachte im Winter 1912/1913 drei Monate in Ronda und bezeichnete die Stadt, »als die spanischste aller Städte«. Eine Bronzestatue unter Palmen auf der Terrasse des Hotels, in dem er nächtigte, erinnert heute an seinen Aufenthalt, dort wo Rilke vor mehr als einem Jahrhundert stand und den atemberaubenden Blick genoss. In seinem Hotelzimmer Nr. 208 im Hotel Reina Victoria gibt es eine kleine Ausstellung.
■ C/ Dr. Fleming 25

Palacio de Mondragón y Museo Municipal
| Palast |
Die alte Residenz des Stadthalters und Maurenkönigs Abomelic aus der Zeit der Nasridenherrschaft des Königreichs Granada zeigt sich heute als Stadtpalast in einem Stilmix aus arabischen, Mudéjar- und Renaissance-Elementen. Die Gärten sind eine Reproduktion im Kleinformat der Parkanlagen der Alhambra. Im Inneren ist das Gemeindemuseum untergebracht, mit Exponaten aus vergangenen Jahrtausenden.
■ Plaza Mondragón s/n, Tel. 952/87 08 18, Frühling und Sommer 10–19, sonst bis 18, Sa, So Juli–Aug. bis 22, Okt.–April bis 15 Uhr, Eintritt 3,50 €, erm. 2,75 €, bis 14 Jahre frei

Parken

Direkt am Bahnhof gelegen ist das **Parkhaus**, Plaza del Socorro (2,40 € pro Std., 18 € pro Tag).

Restaurants

€€ | **Tragatá** Moderne Tapasbar und Restaurant des aufstrebenden Küchenchefs Benito Gómez mit innovativer Speisekarte. Große Auswahl an Weinen aus der umliegenden Serranía de Ronda. ■ C/ Nueva 4, Tel. 952/87 72 09, http://tragata.com, Di–Sa 13–16, 20.30–23.30, So 13–16 Uhr

8 Marbella

Der mondäne Jetset-Ort überrascht mit einem hübschen historischen Stadtkern

Information

■ OIT, Glorieta de la Fontanilla s/n, ES- 29601, Tel. 952/76 87 60, tgl. 8.30–21.30 Uhr, im Winter unregelmäßig

Marbella ist die Hauptstadt des Luxus in Andalusien. Im Umland steht u.a. die palastartige Megavilla des saudi-arabischen Königshauses, aber auch Hollywood-Stars besitzen hier Anwesen. Sie alle lockt eine Jahresdurchschnittstemperatur von 22 °C bei 320 Sonnentagen im Jahr. Eingebettet zwischen der Sierra Blanca, dem »Muschelgipfel« Pica de la Concha und einer ausgedehnten Bucht, bietet Marbella ein angenehmes Mikroklima. Ausgesprochen sehenswert ist der historische Stadtkern mit geduckten weißen Häusern, hübschen Kirchen und einem Mudéjar-Baujuwel, dem Hospital Bazán aus dem 16. Jh.

Marbella

Sehenswert

Plaza de los Naranjos
| Platz |

Im Herzen der Altstadt duftet der freundliche, belebte »Orangenplatz« je nach Jahreszeit betörend nach den Blüten der Zitrusfrüchte. Weiße Häuser und Bars mit Terrassen säumen das hübsche Areal. Auch das Rathaus mit seiner historischen Fassade aus dem 16. Jh. ist ein echtes Schmuckstück.

Parque de la Alameda
| Park |

Der üppig bewachsene Park ist ein beliebter Treffpunkt für Bewohner und Urlauber. Die einladende Anlage mit Ficus-Bäumen und Pinien sowie Brunnen und Bänken, die mit Azulejo-Fliesen verziert sind, wurde bereits im 17. Jh. angelegt. Im Sommer finden hier hin und wieder Konzerte statt.

■ Av. Ramón y Cajal s/n

Restaurants

€€–€€€ | **Restaurante Lobito de Mar**
Dani García, Málagas renommierter Küchenchef mit zwei Michelin-Sternen, hat mit dem »Lobito« ein überraschend erschwingliches Restaurant eröffnet. Paellas, Sardinenspieße, Muscheln, Hummer und Shrimp-Kroketten aus dem tagesfrischen Fang stehen u.a. auf der Karte. ■ Bulevar Príncipe Alfonso von Hohenlohe 178, Tel. 951/55 45 54, www.grupodanigarcia.com, tgl. 13–16, 20–24 Uhr

Kneipen, Bars und Clubs

Nikki Beach Marbella Wem Faulenzen am Strand zu langweilig ist, findet in diesem Beach-Club weit mehr Entertainment: Partys, DJ-Sessions, einen Infinity-Pool mit Blick aufs Meer, ein Top-Restaurant und natürlich eine Cocktailbar. ■ Playa Hotel Don Carlos, Ctra. de Cádiz Km 192, Tel. 952/83 62 39, www.nikkibeach.com, 13. April–Sept. tgl. ab 10 Uhr bis spät

##

Weißes Dorf mit engen Gässchen, viel Charme, Meerblick und Eseltaxis

Information

■ OIT, Av. Virgen de la Peña s/n, ES- 29650, Tel. 952/58 90 34, Mo–Fr 9–20, Sa, So 10–14 Uhr

Wie viele Orte an der Costa del Sol besteht auch die Gemeinde Mijas aus zwei Ortsteilen. Mijas Costa erstreckt sich am Strand und bietet eine exzellente touristische Infrastruktur, Ferienwohnanlagen und Golfplätze. Der andere Teil, das historische Mijas Pueblo in ca. 400 m Höhe in Hanglage, besticht mit weißen, gekalkten Häuschen, engen arabischen Gassen, Parks und belebten Plätzen, von denen sich oft wunderbare Panoramablicke auf die Küste offenbaren. Typisch für den Ort sind seine Eseltaxis (www.burrotaxi.es), auf denen man das Dorf bequem erkunden kann. Die Tiere waren lange Zeit unabdingbar für die Landwirtschaft in dem extremen Gelände.

Sehenswert

Ermita de la Virgen de la Peña
| Kapelle |

Diese kleine Höhlenkapelle wurde 1548 aus einem Fels im Ortskern gehauen und beherbergt die Statue der

Mijas

Stehen besonders bei Kindern hoch im Kurs: die Eseltaxis von Mijas

Schutzpatronin von Mijas, die »Heilige Jungfrau des Berges« Rund um die Kapelle wurde ein gepflegter Park angelegt, von dem man einen tollen Ausblick auf die Costa del Sol genießen kann.
■ Av. del Compás 7, ganzjährig geöffnet, Eintritt frei

Verkehrsmittel

Teleférico Benalmádena Von der Nachbargemeinde Benalmadena verkehrt eine Seilbahn auf den Gipfel des Monte Calamorro in der Sierra de Mijas. Die Fahrt führt in knapp 15 Minuten von Meeresspiegelniveau hinauf auf 771 m. Oben wartet ein unvergleichlicher Ausblick auf die Costa del Sol und das Mittelmeer. ■ Explanada del Tivoli s/n, Benalmadena, Tel. 951/56 03 24, http://telefericobenalmadena.com, Abfahrten tgl. 11–19 Uhr, Nachtfahrten im Juli, Aug., Ticket Berg- und Talfahrt 14,50 €, erm. 11 €

In der Umgebung

Benalmádena Puerto Deportivo
| Ferienzentrum |

 Urlaubsort mit zahlreichen Attraktionen für Familien

Das Familien-Urlaubsparadies Benalmádena ist ebenso wie Mijas zweigeteilt: In den Bergen liegt das historische Dorf Benalmádena-Pueblo, an der Küste erstreckt sich Benalmádena-Costa mit zahllosen Angeboten für einen entspannten Familienurlaub. Für Begeisterung bei Groß und Klein sorgen ein Sea-Life-Aquarium, ein Schmetterlingshaus mit mehr als 1500 Tieren und 150 verschiedenen Arten und der Tivoli-World-Freizeitpark mit Achterbahnen, Gokartbahn und mehr.
■ Sea Life Aquarium, Av. del Puerto s/n, www.visitsealife.com/benalmadena
■ Schmetterlingshaus, Av. de Retamar s/n, www.mariposariodebenalmadena.com
■ Tivoli World: A-7 Arroyo de la Miel, Av. Del Tivioli s/n, www.tivoli.es

10 Málaga
Kultureller Hotspot an der Sonnenküste in neuem Glanz

Sie vereint das christliche und das maurische Málaga: die Kathedrale »La Manquita«

Information

- OIT, Plaza de la Marina 11, ES-29001, Tel. 951/92 60 20, www.malagaturismo.com, Juni–Sept. 9–20, sonst 9–18 Uhr
- Parken: siehe S. 47, S. 50

Málaga ist kaum wiederzuerkennen: Die nach Sevilla zweitgrößte Stadt Andalusiens mit knapp 570 000 Einwohnern hat sich mithilfe innovativer Stadtplanungskonzepte einen neuen Anstrich verpasst. Der zur Einkaufs- und Gastro-Meile umgestaltete Hafenpier, der bis zum Leuchtturm und zum Stadtstrand La Malagueta weiterverläuft, sowie neue Top-Museen wie das Centre Pompidou und eine Dependence der russischen Ermitage unterstreichen das pulsierend-mediterrane Flair der Provinzhauptstadt.

Historisches Zentrum

Málagas mediterranes Flair erinnert ein wenig an Barcelona und Valencia

Die Schaffung ausgedehnter Fußgängerzonen und umfassende Renovierungen der historischen Bausubstanz haben den Charme der Altstadt Málagas in den vergangenen Jahren aufpoliert. Herausgeputzte Gässchen, belebte Plätze, gut besuchte Bar- und Caféterrassen, Boutiquen und Ge-

Málaga

Plan
S. 49

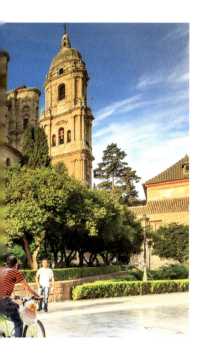

② Museo Picasso
| Kunstmuseum |

Hier, im Palacio Buenavista, fand der Nachlass Pablo Picassos an seine Familie eine würdige Bleibe. Der Stadtpalast aus dem 16. Jh. mit Merkmalen des Renaissance- und Mudéjar-Stils bietet einen stilvollen Rahmen. Knapp 200 Werke geben einen Überblick über sämtliche Schaffensperioden des Künstlers, der in Málaga geboren wurde, aber nur die ersten Kindheitsjahre hier verlebte. Die Sammlung wird begleitet von Wechselausstellungen mit Leihgaben renommierter Museen.

■ C/ San Agustín 8, Tel. 952/12 76 00, www.museopicassomalaga.org/de, Juli–Aug. tgl. 10–20, Sept.–Okt., März–Juni 10–19, Nov.–Feb. 10–18 Uhr, Eintritt 7 €, erm. 5,50 €, mit temporärer Ausstellung 10 € (einzeln 5,50 €), bis 16 Jahre und So in den letzten 2 Std. vor Schließung frei

schäfte verleihen dem alten Kern der Mittelmeermetropole eine Atmosphäre, die ein wenig an Barcelona und Valencia erinnert.

① Plaza de la Merced
| Platz |

Dieser weitläufige Platz bietet sich als Startpunkt für einen Altstadtbummel an. Angelegt im 19. Jh., ist er heute ein beliebter Treffpunkt der Malagueños. An der nordwestlichen Ecke des Platzes liegt das Geburtshaus von Pablo Picasso – heute ein Museum. Selfie-Fans können sich hier mit einer sitzenden Picasso-Bronzestatue auf einer Bank ablichten.

③ Kathedrale von Málaga
| Kathedrale |

Im Volksmund ist diese Kirche als »La Manquita« (die kleine einarmige Dame) bekannt, weil ihr ein Turm fehlt.

ADAC *Wussten Sie schon?*

Kaffee wird in Málaga – anders als sonst in Andalusien üblich – je nach Mischverhältnis von **Kaffee** und Milch bestellt: Soll es ein Kaffee mit sehr viel Milch sein, ordert man einen »nube« (Wolke). Ein bisschen stärker ist der »sombra« (Schatten). Soll sich das Verhältnis exakt die Waage halten, bestellt man einen »mitad« (Hälfte).

10 Málaga Plan S. 49

Im Blickpunkt

Die ersten Tapas

Der Ursprung der beliebten kleinen Speisen liegt wahrscheinlich in den Wirren der Reconquista, also in der Zeit der christlichen Rückeroberung des maurischen Spaniens. Über die genaue Herkunft der Tapas kursieren im Wesentlichen zwei Theorien: So soll König Alfonso X. (»der Weise«) kleine Mahlzeiten beim Genuss von Alkohol eingeführt haben, um die berauschende Wirkung zu mildern. Schließlich sollten seine Ritter und Fußsoldaten auch nach langen durchzechten Nächten kampfbereit sein. In Cádiz erzählt man sich hingegen die Anekdote von einem König (Fernando VII. oder Alfonso XII.), der, verärgert über eine Fliege im Wein, die geniale Idee hatte, seinen Kelch mit einer Scheibe Rohschinken abzudecken: Das spanische Wort »tapa« bedeutet Deckel.

Von 1530 bis weit ins 18. Jh. dauerte der Bau der Kathedrale, der ursprünglich im Stil der spanischen Renaissance begonnen wurde. Dieser Stil dominiert, neben Gotik und Neoklassizismus, noch heute. Das Innere ist mit zahlreichen Barockelementen verziert, und es warten einige Schätze wie das Chorgestühl im Mittelschiff von Bildhauer Pedro de Mena. Eindrucksvoll ist auch ein Besuch des Dachs des unvollendeten Sakralbaus. Der Eintrittspreis für die Kathedrale schließt den Besuch der Ars Málaga mit ein, eines Kunst- und Kulturraums des Bistums Málaga.

■ C/ Molina Lario 9, www.malagacatedral.com, Eintritt Kathedrale und Ars Málaga 6 €, erm. 5,50 €, bis 13 Jahre und Mo–Do 9–10 Uhr frei

④ Alcazaba
| Festung |

Die imposante Stadtburg geht auf den Taifa-König von Granada, den Ziriden-Berber Badis ben Habús, zurück. Er ließ die Anlage Mitte des 11. Jh. zum Schutz des wichtigen Hafens der Handelsstadt errichten. Die nachfolgende Nasridendynastie, die auch den Bau der Alhambra in Granada veranlasste, ließ die Alcazaba zur Palastburg ausbauen, während die darüberliegende Festung Castillo de Gibralfaro als schützendes Bollwerk diente. Am Fuß des Alcazaba-Hügels befindet sich ein römisches Amphitheater, das in den Fels eingelassen ist.

■ C/ Alcazabilla 2, Tel. 951/926 189, 2,20 €, erm. 0,60 €, bis 6 Jahre und So ab 14 Uhr frei, Kombiticket Alcazaba und Gibralfaro 3,50 €

⑤ Mirador de Gibralfaro
| Aussichtspunkt |

Bei der arabischen Festung, die zum Ende der Ära im 14. Jh. zum zusätzlichen Schutz der darunterliegenden Alcazaba errichtet wurde, findet sich dieser kleine Mirador. Von dort bieten sich herrliche Ausblicke über die Stadt und die gesamte Küste. Auch die Festung selbst lohnt einen Besuch.

■ C/ Gibralfaro s/n, Tel. 952/22 72 30, Bus-Linie 35 vom Paseo del Parque, im Sommer 9–20, im Winter bis 18 Uhr, Eintritt in die Festung 2,50 €, erm. 0,60 €, bis 6 Jahre frei

Vom Parque de Málaga zum Pier nach »SoHo« I Málaga

Vom Parque de Málaga zum Pier nach »SoHo«

Ein Park voller Papageienblumen und fantastische Ausblicke vom »Muelle«

Am Fuß des Festungshügels erstreckt sich mit dem Parque de Málaga eine mit Palmen und Blütenpflanzen üppig bewachsene grüne Lunge am Hafen. Von hier verläuft eine Shopping- und Flaniermeile über die Hafenmole »Muelle Uno« bis zum Leuchtturm La Farola und dem Malagueta-Strand. Besonders schön sind die Sonnenuntergänge am Muelle, dann erstrahlt die Bucht, die Gibralfaro-Festung, die Alcazaba und die Palmengärten im roten Abendlicht. Westlich des Parks liegt die Plaza de la Marina mit dem Noria-Riesenrad, und jenseits des Guadalmedina-Flusses breitet sich das Szeneviertel »SoHo« aus, wo sich das Who's who der Graffiti-Künstler verewigt hat.

 Centre Pompidou Málaga
| Kunstmuseum |

 Kunst von Weltrang unter einem bunten Glaswürfel

Die 2015 eröffnete erste Auslands-Dependance des weltberühmten Pariser Kunstmuseums wird ihrem großen Namen vollends gerecht. Die permanente Ausstellung unter einem bunten Glaswürfel an der Hafenmole Muelle Uno zeigt über 90 wichtige Arbeiten des Pompidou-Bestands – von

 Parken

Kostenpflichtige, zentrale Parkplätze finden sich bei **Parking Alcazaba** (Plaza de la Merced, Mo–Fr 1,95 € pro Std., Sa, So 2,10 € pro Std., 23,10 € pro Tag, Plan S. 49 c1). Einheimische finden ihre Gratis-Parklücke im Stadtteil El Ejido beim Conservatorio Superior de la Música außerhalb der Blauen Zone. Von hier sind es 10 bis 15 Minuten Fußweg bis zur Plaza de la Merced.

 Restaurants

€€ | **Eboka** Nur einen Steinwurf von der Kathedrale entfernt, widmet sich dieses junge und hippe Restaurant der innovativen Weiterentwicklung traditioneller Gerichte – meist mit lokalen Produkten. ■ C/ de Pedro de Toledo 4, Tel. 952/12 46 71, http://ebokarestaurante.com, tgl. 13–24 Uhr, Plan S. 49 b1

 Cafés

Heladería-Pastelería Casa Mira Die zentral gelegene Patisserie, die bereits 1930 eröffnete, dürfte nicht nur die traditionsreichste, sondern auch die beste Eisdiele der Stadt sein. Nachteulen werden bis 1.30 Uhr bedient. ■ C/ Marqués de Larios 5, Tel. 952/22 30 69, tgl. 10.30–1.30 Uhr, Plan S. 49 b2

 Kneipen, Bars und Clubs

Terraza Club »In«-Cocktailbar über den Dächern der Altstadt, direkt über dem gleichnamigen Hostel. Geboten werden nicht nur Cocktails zu moderaten Preisen (7–8 €), den Blick auf die Kathedrale gibt es gratis dazu. ■ Pasaje Chinitas 3, Tel. 951/13 63 70, www.chinitashostel.com, tgl. 16–2 Uhr, Plan S. 49 b1

ADAC *Spartipp*

Sonntagnachmittags ab 16 Uhr ist der Eintritt in alle wichtigen privaten **Museen** Málagas frei, so auch im Museo Ruso, im Centre Pompidou oder im Museo Carmen Thyssen Cervera.

Málaga

Plan S. 49

Wassily Kandinsky über Le Corbusier, Picasso, Chagall bis Robert Delaunay. Ende 2017 hat man die Kollektion mit Werken aus dem Pariser Pompidou verändert. Besucher erhalten nun einen exzellenten Überblick über die künstlerischen Strömungen des 20. Jh. bis in die Gegenwart. Außerdem gibt es ein toll gestaltetes Kinder-Areal.

■ Pasaje Doctor Carrillo Casaux, s/n Muelle Uno, Tel. 951/92 62 00, www.centrepompidou-malaga.eu, Mi–Mo 9.30–20 Uhr, Eintritt 7 €, erm. 4 €, So ab 16 Uhr und bis 18 Jahre frei

Gefällt Ihnen das?

Kunstinteressierte, die das Centre Pompidou mögen, sollten einen Besuch im **Museo Picasso** (S. 45) in Erwägung ziehen. Im **Museo Carmen Thyssen Cervera** (S. 48) in einem schmucken Palacio warten zudem hervorragend kuratierte, temporäre Ausstellungen.

❼ CAC Málaga
| Kunstmuseum |

Das Zentrum für Gegenwartskunst CAC (Centro de Arte Contemporáneo) zeigt eine Kollektion, die sich auf spanische und andalusische Malerei ab den 1950er-Jahren konzentriert. Die Konzeption des Museums orientiert sich am deutschen Museumsmodell des Kunsthauses. So ist es mit seinen temporären Ausstellungen zur Avantgarde zeitgenössischer Künstler stets am Puls der Zeit. Der Kunstgenuss lässt sich mit einem Besuch im angeschlossenen Restaurant Óleo kombinieren.

■ C/ Alemania s/n, Tel. 952/12 00 55, www.cacmalaga.eu, 21. Juni–4. Sept. Di–So 10–14, 17–21, sonst Di–So 10–20 Uhr, Eintritt frei

❽ Museo Carmen Thyssen Cervera
| Kunstmuseum |

Die Erbin und Witwe von Hans Heinrich Baron von Thyssen gilt als eine der bedeutendsten Kunstsammlerinnen der Welt. Im schmucken Palacio de Villalón aus dem 16. Jh. schuf sie einen Raum für ihre persönliche Leidenschaft: Werke des spanischen und lateinamerikanischen »Costumbrismo«, die detailgenau das Leben des einfachen Volkes abbilden. Gezeigt werden Arbeiten der volkstümlichen und Landschaftsmalerei des 19. und Anfang des 20. Jh., darunter Werke von Joaquín Sorolla.

■ Plaza Carmen Thyssen, Ecke C/ Compañía 10, Tel. 902/30 31 31, www.carmenthyssenmalaga.org, Di–So 10–20 Uhr, Eintritt 6 €, bis 18 Jahre frei

❾ Museo Automovilistico y de la Moda
| Museum |

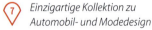
Einzigartige Kollektion zu Automobil- und Modedesign

In diesem unterhaltsamen Museum wird anhand einer weltweit einzigartigen Sammlung die Geschichte des Automobils und der Mode beleuchtet. Von der Pionierzeit des Kraftfahrzeugs bis hin zu Klassikern wie Jaguar und Cadillac werden blank polierte Karossen gekonnt in Szene gesetzt. Rennwagen, Prototypen und Elektroautos komplettieren die Sammlung. Rund hundert Fahrzeuge gehören zum Bestand. Dazu kommt eine umfassende Sammlung zur Haute Couture. Etwa 200 Designerstücke entführen die Besucher in die Welt der Mode.

■ Bus-Linie 15, 16, 40, Metro-Linie 2 (Station: Princesa), Av. Sor Teresa Prat 15, Edificio Tabacalera, Tel. 951/13 70 01,

Vom Parque de Málaga zum Pier nach »SoHo« | Málaga 10

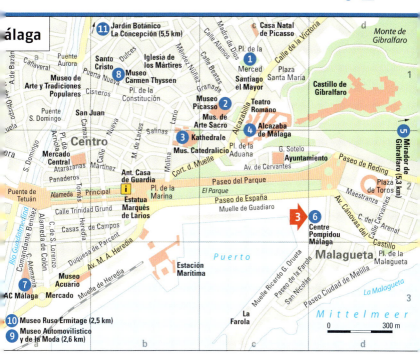

www.museoautomovilmalaga.com,
Di–So 10–19 Uhr, Eintritt 8,50 €, erm. 6 €,
Kinder bis 3 Jahre und Di 14–16 Uhr frei

10 Museo Ruso Ermitage
| Kunstmuseum |

In einer alten Tabakfabrik in Málaga eröffnete das russische Staatsmuseum eine erste Auslands-Dependance der weltberühmten Eremitage in Sankt Petersburg. Alljährlich im Februar wird die Auswahl der Exponate komplett überarbeitet. Natürlich dürfen die großen Meister nicht fehlen. Temporäre Ausstellungen widmen sich der russischen Kunst bis in die Moderne.

■ Bus-Linie 15, 16, 40, Metro-Linie 2 (Station: Princesa), Av. Sor Teresa Prat 15, Edificio Tabacalera, Tel. 951/92 61 50, www.coleccionmuseoruso.es, Di–So 9.30–20 Uhr, Eintritt 6 €, erm. 3,50 €, bis 18 Jahre und So ab 16 Uhr frei

11 Jardín Botánico La Concepción
| Botanischer Garten |

Etwas auswärts gelegen, bietet der botanische Garten Erholung vom Stadttrubel. Unter dem Motto »mit 80 Bäumen um die Welt« können Besucher durch die grüne Oase flanieren. Neben der lokalen Fauna – im Mai durchzieht das Aroma von Orangen- und Zitronenblüten den Park – finden sich auch jede Menge tropische und subtropische Pflanzen.

Der angrenzende historisch-künstlerische Garten mit Wasserfällen, Brunnen und Bächlein ist ein Paradies für Sing- und im Herbst Rastplatz für zahlreiche Zugvögel.

■ Camino del Jardín Botánico 3, Tel. 951/92 61 79, April–Sept. 15.30–19.30, Okt.–März 9.30–16.30 Uhr, Eintritt 5,20 €, erm. 3,10 €, bis 6 Jahre und So frei

10 Málaga

Plan S. 49

Parken

Für einen Spaziergang an der Hafenmole ist das dortige **Parkhaus** praktisch gelegen, aber teuer (2,50 € pro Std., Plan S. 49 c3). Alternativen gibt es am Strand La Malagueta (C/ Cervantes s/n, 2 € pro Std., 23,10 € pro Tag).

Restaurants

€€ | **Antonio Martín** Am Stadtstrand La Malagueta werden Fischspezialitäten vom Grill serviert, inklusive Meerblick. Auch gute Auswahl an Ceviches. Plaza de la Malagueta 4, Tel. 951/77 65 02, im Sommer tgl. 13–16.30, 20–24 Uhr, sonst Mo geschl., Plan S. 49 d3

Kneipen, Bars und Clubs

Terraza el Balneario Zu den schönsten Orten der Stadt zählt eindeutig das modernistische Strandbad Baños del Carmen. Auf der Terrasse am Meer hört man die Wellen an die Felsen klatschen. Trotzdem im Blick: die Stadt und die zwei Festungen. ■ C/ Bolivia 26, Tel. 951/33 31 31, http://elbalneariomalaga.com, im Sommer Mo–Do, So 8.30–1, Fr–Sa bis 2.30, sonst tgl. bis 24 Uhr

ADAC *Mittendrin*

Sardinenspieße am Strand am offenen Feuer gegrillt, sind das typische Fischgericht in Málaga. Wer sie besonders authentisch genießen will, sollte eine der **»Chiringuito«-Strandrestaurants** an der Uferpromenade des alten Fischer-Viertels Pedregalejo besuchen: etwa das »El Cabra« oder das »Maricuchi« (beide im Paseo Marítimo el Pedregal).

Kinder

Noria Mirador Princess Mit seinen 70 m Höhe ist das Riesenrad am Hafen Málagas eines der größten der Welt und ein neuer Akzent im Stadtpanorama. Der Blick aus den Gondeln ist nicht nur für Kinder ein unvergessliches Erlebnis, das allerdings auch seinen Preis hat. ■ Muelle de Heredia s/n, Tel. 667/58 53 70, http://noriamiradorprincess.com, Mo–Fr, So 10.30–21.30, Sa bis 22.30 Uhr, Eintritt 10 €, erm. 6–7 €, Plan S. 49 b2

11 Álora und der Caminito del Rey

Auf den Wanderwegen um Álora zeigt sich die Provinz von ihrer grünsten Seite

Information

■ OIT, Plaza Fuente Arriba s/n, beim Rathaus, ES-29500 Álora, Tel. 951/06 21 36, 673/54 66 05, Mo–Sa 8–14 Uhr

Álora im Guadalhorce-Tal, nur 40 km nordwestlich von Málaga (A-357) entfernt, ist mit seinen knapp 13 000 Einwohnern Hauptort der Gemeinde Valle del Guadalhorce und Ausgangspunkt für ausgedehnte Wanderungen, u.a. für den Caminito del Rey mit seinen legendären Klettersteigen.

Restaurants

⑧ € | **Casa Pepa Fonda** Ehrliche Hausmannskost im Ambiente eines Wohnhauses – als wäre man bei einer andalusischen Großmutter zu Gast. Einheitspreis des All-you-can-Eat-Menüs: 10 € pro Person, Getränke inkl. ■ C/ Baños 18, Carratraca, Tel. 952/45 80 49, tgl. 13.30–16.30 Uhr

Antequera 12

 Wandern

Caminito del Rey
| Wanderweg |

 Auf dem »Pfad des Königs« in schwindelerregenden Höhen

Unter Kletterern ist der kürzlich instand gesetzte Caminito del Rey weithin bekannt. Der Weg durch den engen Hohlweg Desfiladero de los Gaitanes mit seinen bis zu 400 m hohen Wänden ist für Wanderer und Kinder mit normaler Fitness mühelos zu bewältigen. Schwindelfrei sollte man allerdings sein, v.a. beim Einstieg in die Schlucht und auf der über 100 m hohen Hängebrücke. Die Wanderung führt über etwa 8 km, für die man vier Stunden einplanen sollte. Tickets mehrere Wochen im Voraus über die Website buchen!

■ www.caminitodelrey.info, Nov.–März Di–So 10–14, April–Okt. bis 17 Uhr, Tickets 10 €, 11,55 € inkl. Shuttlebus

12 Antequera

Historische Kleinstadt mit eindrucksvollen Dolmen und Wanderwegen

 Information

■ OIT, Plaza de San Sebastián 7, ES-29200, Tel. 952/70 25 05, http://turismo.antequera.es, Mo–Sa 9.30–19, So 10–14 Uhr

Das malerisch gelegene Antequera ist nicht nur das geografische Zentrum Andalusiens, worauf die Säule an der Plaza de San Sebastián hinweist, die Kleinstadt hat auch ein reiches historisches und kulturelles Erbe zu bieten: 26 Kirchen und 17 Klöster, die man im Rahmen der »Ruta de las Iglesias« besichtigen kann. Zudem finden sich in der Umgebung das bisher einzige UNESCO-Weltkulturerbe der Provinz – die imposanten Dolmen von Antequera – und das Naturerbe El Torcal, nur einen Steinwurf entfernt.

 Sehenswert

Conjunto Arqueológico Dólmenes de Antequera
| Megalithische Dolmen |

Die Megalith-Monumente sind seit 2016 UNESCO-Weltkulturerbe. Sie zählen zu den größten und wichtigsten ihrer Art in Europa. Der »Menga-Dolmen« wird auf 3500 v.Chr. datiert, und ist ein mit massiven Granitblöcken bedeckter Grabraum von etwa 25 m Länge. Der »Viera-Dolmen« (2500 v.Chr.) stellt ebenso eine Einzelgrabkammer dar, während »El Romeral« (1800 v.Chr.) einen Durchgang und zwei runde Kammern umfasst.

■ Dolmen »Menga« und »Viera«: Crta. de Málaga Km 5, Dolmen »El Romeral«: Crta. A-7283 nach 2 km Richtung Córdoba, www.torcaldeantequera.com, Öffnungszeiten s. Website, Eintritt frei

Alcazaba
| Festung |

Die gut erhaltene Stadtfestung von Antequera ist Teil der alten, von Stadtmauern geschützten arabischen Medina. Vom höchsten Turm aus, dem Torre del Homenaje, bietet sich ein ausgezeichneter 360°-Rundumblick.

■ Plaza de los Escribanos s/n, Tel. 951/70 07 37, Mo–Sa 10–18, So 10.30–15 Uhr, Eintritt 4 €, erm. 2 €, bis 7 Jahre frei

 Restaurants

€ | Mesón Las Hazuelas Andalusische Küche in familiärer Atmosphäre. Be-

10 Antequera

Im Inneren des »Menga-Dolmen« entdeckten Forscher Knochen und Grabbeigaben

sonders lecker ist der »Pío Antequerano«, ein landestypischer kalter Salat aus Stockfisch, Orange, Kartoffeln und frischen Oliven. ■ C/ Encarnación 9, Tel. 952/70 45 82, www.querqus.es/mesonlashazuelas, tgl. 7–24 Uhr

€€ | **Arte de Cozina** Vorzügliche Tapasbar und Restaurant, das sich in erster Linie auf lokales Saisongemüse und Fleisch, beides aus ökologischer Produktion, konzentriert. ■ C/ Calzada 29, Tel. 952/84 00 14, www.artedecozina.com, tgl. 13–23 Uhr

Wandern

Paraje Natural El Torcal Die Natur feilte Jahrmillionen an der imposanten Karstlandschaft El Torcal, die 2016 von der UNESCO zum Weltnaturerbe ernannt wurde. Es sind einzigartige Felsformationen, die nur etwa 17 km außerhalb von Antequera zu besichtigen sind. Zu den spektakulärsten Strukturen kommt man nicht mit dem Pkw, doch es werden geführte Exkursionen angeboten. Man kann El Torcal aber auch auf eigene Faust entlang der ausgeschilderten Pfade erkunden. Zwei Wege sind sogar barrierefrei zugänglich. ■ Crta. A-7075 bei Km 42, zwischen Antequera und Villanueva de la Concepción. Tel. 952/24 33 24, www.torcaldeantequera.com, Okt.–März 10–17, April–Sept. 10–19 Uhr, Eintritt frei, Shuttlebusse 1,50 €

13 Nerja

Der »Balkon Europas«, Höhlenmalereien und die unberührten Buchten von Maro

Information

■ OIT, C/ Carmen 1, ES-29780, http://turismo.nerja.es, Tel. 952/52 15 31, Mo–Fr 10–14, 18.30–21.45, Sa, So 10–13.45 Uhr

Am östlichen Ende der Costa del Sol, 60 km von Málaga entfernt, bildet Nerja einen touristischen Hotspot, der aber seinen ursprünglichen Charme v.a. im Stadtkern mit seinen weißgekalkten Häusern weitgehend bewahren konnte. Knapp ein Drittel der rund 20 000 Einwohner sind aus Nord- und Mitteleuropa zugezogen und verleihen dem Küstenort einen internationalen Touch.

Sehenswert

Balcón de Europa
| Aussichtspunkt |

Einer der schönsten Aussichtspunkte an der Costa del Sol: Von diesem auf einer Klippe vorgelagerten Platz eröffnet sich ein herrlicher Blick auf die Küste und die vielen Wachtürme, die Schutz vor Angriffen von Berberpiraten nach der Reconquista bieten sollten. Besonders die Sonnenuntergänge sind hier unbeschreiblich schön.

■ Paseo Balcón de Europa s/n

Cuevas de Nerja
| Höhlen |

Die Entdeckung dieses Tropfsteinhöhlensystems, das sich über ein Areal von 35 484 m² erstreckt, war reiner Zufall: 1959 wollten fünf junge Burschen aus Nerja Fledermäuse fangen und entdeckten dabei in einer Höhle Keramiken und Skelette. Zu Tode erschrocken berichteten sie zu Hause von ihrer Entdeckung. Bei einer zweiten Expedition mit einem Forscherteam stieß man auf fantastische Höhlenmalereien, die u.a. Robben abbilden. Die wichtigen Funde aus der Höhle, darunter das fossile Skelett »Pepita«, werden im Museo de Nerja gezeigt. Aus Nerja verkehren Zubringerbusse zur Höhle, und vor Ort gibt es einen Parkplatz.

■ A-7 Richtung Almería, Ausfahrt 295, Crta. de Maro s/n, Tel. 952 52 95 20, www.cuevadenerja.es, Online-Reservierung empfohlen, tgl. 9–15, im Sommer Fr, Sa, So letzter Einlass 17.30 Uhr, Eintritt 10 €
■ Museo de Nerja: Plaza de España 4, tgl. 9–16 Uhr, Eintritt 4 €, erm. 2 €

Calas de Maro
| Strand |

Die malerischen Buchten des Naturparks Paraje Natural de Maro-Cerro Gordo mit ihrem türkisblauen Wasser zählen zu den letzten unberührten Strandabschnitten an der Costa del Sol. Sie liegen knapp 20 Autominuten von Nerja entfernt: auf der N-340 Richtung La Herradura (Granada). Parkmöglichkeiten sind vorhanden, füllen sich aber im Sommer besonders um die Calas del Pino, Las Arbequillas, El Cañuelo und Playa de Cantarriján (Zubringerbus vom Parkplatz zur Bucht) und v.a. an den Wochenenden. Für den Abstieg zu den Stränden sollte man festeres Schuhwerk mitnehmen.

Verkehrsmittel

Von Málagas Busbahnhof und Hafen aus gibt es stündlich Verbindungen nach Nerja (Fahrzeit 50–120 Min., je nach Verbindung. ■ www.alsa.es, einfache Fahrt 4,51 €.

Sport

Educare Aventura Kajaktouren von Nerja zu den Stränden von Maro führen vorbei am Wasserfall Catarata de Maro, wo der Río Nerja ins Meer stürzt. Ziele sind entlegene Buchten, Grotten und natürliche Pools, die nur per Boot erreichbar sind. ■ Paseo de Burriana s/n, Nerja, Tel. 600/62 00 54, www.educare-aventura.com, Tour 20 €, erm. 12 €, bis 7 Jahre frei, Dauer ca. 2 Std., Kajakmiete ab 5,50 € pro Std., tgl. 9–19 Uhr

Málaga, die Costa del Sol und die Serranía de Ronda

 Übernachten

Genauso facettenreich wie die Provinz selbst sind auch ihre Unterkünfte. Familien, die Sonne, Strand und Meer suchen, finden in der Küstenregion von Benalmádena, Fuengirola bis Estepona Hotelanlagen mit allen Annehmlichkeiten. Málaga mit seinem breiten Angebot an Hotels jeder Preisklasse bietet Reisenden die Qual der Wahl: In der Provinzhauptstadt ist vom Mittelklassestandard bis zum Luxus alles vertreten. Im Hinterland, um die kleineren Städte und in der Axarquía bei Nerja und Frigiliana warten liebevoll gestaltete Landhotels, die Ruhesuchenden entspannte Tage und Nächte in der Natur versprechen.

Ronda 40

€€ | **Hotel San Gabriel** *** In einem wunderbaren Stadt-Palacio aus dem 18. Jh., in einer ruhigen Gasse gelegen, bietet dieses freundliche Hotel 21 Zimmer. Jedes für sich ist unterschiedlich mit historischen Details geschmackvoll eingerichtet und ein Unikat. Geboten werden ein Mini-Kino, eine Bibliothek, ein kühler Patio und ein naher Swimmingpool, den Hotelgäste im Sommer gratis nutzen dürfen. ■ C/ Marqués de Moctezuma 19, bei der Plaza del Gigante, ES-29400, Tel. 952/19 03 92, www.hotelsangabriel.com

€€–€€€ | **Boutique Hotel Molino del Arco** **** Acht Kilometer außerhalb von Ronda inmitten unberührter Natur, bietet dieses einmalige Landgut aus dem 18. Jh. mit alter Olivenmühle beste Voraussetzungen, um die Besichtigung der Stadt mit Aktivitäten wie Reiten, Trekking oder Rafting zu kombinieren. Einfach nur entspannen oder im Pool planschen ist selbstverständlich auch möglich. ■ Partido de los Frontones s/n, ES-29400 Tel. 952/11 40 17, www.hotelmolinodelarco.com

Marbella 41

€€–€€€ | **NH Marbella** **** In Sachen Preis-Leistung wohl die beste Variante in Marbella: eine Bleibe in zentraler Toplage an der »Goldenen Meile«. Mit Garten und Pool, nur fünf Gehminuten vom Strand entfernt. ■ Av. Conde de Rudi s/n, Tel. 952/76 32 00, ES-29600, Reservierungen: Tel. 913/98 46 39, www.nh-hotels.de

Málaga 44

€ | **Guesthouse La Siesta Málaga** Charmantes Mini-Hotel mit lediglich fünf lichtdurchfluteten, mediterran dekorierten Zimmern. Extrem freundliches Personal. Das Haus liegt nur zwei Minuten zu Fuß von der Plaza de la Merced entfernt. ■ C/ Cobertizo del Conde 8, ES-29013, Tel. 951/99 35 67, www.lasiestamalaga.com

€ | **Hostel Málaga City** Modernes, im Vintage-Stil eingerichtetes Hostel im Zentrum mit großen, hellen Zimmern. Die Doppelzimmer ab 35 € pro Nacht haben nur ein Manko: Duschen und Toiletten befinden sich im Gang. ■ C/ Álamos 14, ES-29012, Tel. 952/21 10 34, www.hostelmalagacity.com

€€ | **Hotel Domus** Ruhiges, charmantes Hotel im Küstenvorstadtbezirk Pedregalejo an der Strandpromenade mit Restaurants und den typischen »Chiringuitos« und Cafés. ▪ C/ Juan Valera 20, ES-29017, Tel. 952/29 71 64, www.hoteldomus.es

€€ | **Hotel Málaga Picasso** *** Ruhiges Hotel in Flughafen- und Strandnähe (10 Min. Fußweg). Das Haus verfügt über Gärten, Pool und Spa. ▪ C/ Acacias de Guadalupe 153, ES-29004, Tel. 952/ 17 60 61, www.hotelmalagapicasso.com

€€ | **Hotel Las Vegas** 20 Minuten zu Fuß vom Zentrum entfernt, ruhig mit Anschluss an den Nahverkehr: schöne Zimmer mit Meerblick. ▪ Paseo de Sancha 22, ES-29016, Tel. 952/21 77 12, www.hotellasvegasmalaga.com

€€€ | **Vincci Posada del Patio** ***** Design und Luxus im Herzen der Altstadt in einer Seitengasse, mit Pool. Die alte phönizische Stadtmauer aus dem 3. Jh. v. Chr. liegt offen im Parterre des Hotels und kann besichtigt werden. Eigene Parkgarage. ▪ C/ Pasillo de Santa Isabel, ES-29005, Tel. 951/00 10 20, www.vincciposadadelpatio.com

Álora 50

€€ | **Hotel El Arpa** Schickes, abgelegenes Finca-Landhotel mit sechs Apartments und herrlichem Blick auf den Stausee sowie direktem Zugang zum Strand des Sees. ▪ Anfahrt siehe Website, ES-29200 El Chorro, Tel. 645/64 31 08, www.fincamalaga.com

Antequera 51

€€ | **Hotel Coso Viejo*** Dieses zentral gelegene Hotel bietet 42 Standard-Zimmer, rustikal, aber hübsch eingerichtet. Einige Zimmer haben Blick auf die Alcazaba. ▪ C/ Encarnación 9, ES-29200, Tel. 952/70 50 45, www.hotelcosoviejo.es

Nerja 52

€ | **Hostal Marissal** ** Unmittelbar am Balcón de Europa mit tollem Blick aufs Meer ist dieses gepflegte Hostal eine günstige Option in hervorragender Lage. ▪ Paseo Balcón de Europa 3, ES-29780, Tel. 952/ 52 01 99, www.hostalmarissal.com

ADAC *Das besondere Hotel*

Nur knapp 20 Min. Autofahrt vom Zentrum Marbellas entfernt, können Sie wie ein Freiherr in der alten Burg von Monda aus dem 9. Jh. residieren. Das **Hotel Castillo de Monda** über den Dächern des weißen Dorfes bietet komfortable Zimmer, luxuriöse Suiten mit Panoramablick und einen Pool. Der Küchenchef verwöhnt mit wahren Kunstwerken den Gaumen.

€€ | C/ de la Villeta 6, ES-29110 Monda, www.castillodemonda.com, Tel. 952/ 45 98 36

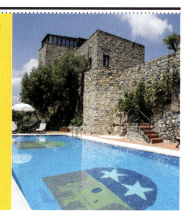

Granada, die Alpujarras und Almería

Granada mit der einzigartigen Alhambra, die schneebedeckte Sierra Nevada und Almerías Traumstrände am Cabo de Gata

In diesem Kapitel:

- **14** Alhama de Granada 58
- **15** Almuñécar und die Costa Tropical 59
- **16** Vélez de Benaudalla 60
- **17** La Alpujarra 61
- **18** Granada 62
- **19** Montefrío 72
- **20** Guadix 72
- **21** Tabernas 74
- **22** Almería 75
- **23** Níjar und der Cabo de Gata 76
- **24** Mojácar 78
- **25** Orce 78
- Übernachten 80

Die landschaftlich äußerst kontrastreichen südspanischen Provinzen Granada und Almería bergen ein einzigartiges kulturelles Erbe. Die Araber und Mauren hielten hier, im Königreich Granada, lange Zeit ihre letzte Bastion, die sie aber schließlich 1492 an die christlichen Heere abtreten mussten. Granadas Alhambra ist das imposanteste Zeugnis der arabischen Ära in Spanien. Die prunkvolle Palast- und Festungsanlage zählt heute mit dem gegenüberliegenden, einst arabischen Stadtteil Albaicín zum UNESCO-Weltkulturerbe, und lockt alljährlich Millionen Besucher in die pulsierende Provinzhauptstadt. Doch auch Streifzüge in die Umgebung sind lohnend, etwa in die Gebirgsregion Alpujarra am Südhang der Sierra Nevada mit ihren verwinkelten, weißen Dörfern, den »Pueblos Blancos«. Im benachbarten Almería warten die nahezu unberührten Buchten des Naturparks Cabo de Gata und um Tabernas die einzige natürliche Wüste Europas.

ADAC Top Tipps:

4 Alhambra und Generalife, Granada

| Palastanlage |

Die prachtvolle rötliche Kasbah-Stadtburg mit den Palästen der Nasridenherrscher auf der Sabika-Anhöhe in Granada empfängt alljährlich mehr als 2,6 Mio. Besucher. Die weitläufige Anlage birgt unzählige Kultur- und Architekturschätze. Beim angeschlossenen Sommerpalast Generalife kann man wie ein Sultan durch prächtige maurische Gärten wandeln. 63

Montefrío
| Ortsbild |

Einfach eines der schönsten Dörfer der Welt: Baudenkmäler und eine arabische Festung mit Kirche, die hoch auf einem Felsen thront. 72

Níjar und der Cabo de Gata
| Landschaft |

Unberührte Mittelmeer-Traumstrände im wüstenähnlichen Naturschutzgebiet, das schon mehrfach als Hollywoodkulisse diente. 76

ADAC Empfehlungen:

La Alpujarra
| Landschaft |

Weiße Dörfer und üppige Natur an der Südflanke der Sierra Nevada. 61

Picoteca 3 Maneras, Granada
| Restaurant |

Kreative und moderne Fusion-Küche und Tapas im Stadtteil Realejo. 66

Mirador San Nicolas, Granada
| Aussichtspunkt |

Postkartenblick auf die Alhambra und den Generalife-Sommerpalast. 69

Cuevas de Sorbas
| Höhlen |

Eine Tour in die imposanten Karsthöhlen ist ein Abenteuer für die ganze Familie. 77

La Loma, Cabo de Gata
| Restaurant |

Marokkanisch-andalusische Küche mit einem atemberaubenden Ausblick auf die Küste vor La Isleta del Moro. 77

Cuevas Hammam Abuelo José, Guadix
| Hotel |

Die arabischen Bäder mit Hotel in typischen Casas Cueva bieten Entspannung pur. 81

14 Alhama de Granada

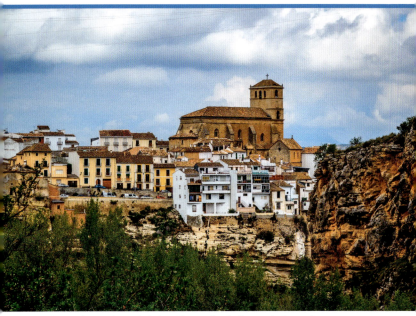

Schon in der Antike ein beliebtes Thermalbad: Alhama de Granada

14 Alhama de Granada

Heiße Quellen, in denen schon die alten Römer entspannten

Information

■ OIT, Carrera de Francisco de Toledo 10, ES-18120, Tel. 958/36 06 86, www.turismodealhama.com, tgl. 9–14, 17–18.30 Uhr

Zugegeben, der Besuch in einer Therme ist wohl nicht das Erste, was einem in den Sinn kommt, wenn man an Andalusien denkt. Doch der aus dem arabischen Wort »al-hammam« (»heiße Quelle«) abgeleitete Name des Dörfchens Alhama de Granada deutet es an: Hier sprudelt aus dem Erdinneren 47 °C heißes Heilwasser, das schon die Römer und später die Araber zu schätzen wussten. Der pittoresk an einer tiefen Schlucht gelegene Ort mit seinem denkmalgeschützten Stadtkern, seinen Plätzen und Mineralwasserbrunnen lädt darüber hinaus zum Flanieren ein.

Sehenswert

Baños Arabes
| Historisches Thermalbad |
Die alten arabischen Bäder, verziert mit den damals typischen Hufeisenbögen, liegen etwa 1 km außerhalb der Ortschaft und sind einem Hotel angegliedert. Sie gehen auf die Almohaden-Herrschaft im 13. Jh. zurück und gelten als eine der besterhaltenen Anlagen dieser Art aus jener Epoche. Das originalgetreu rekonstruierte römische »Baño de la Reina«, das Bad der Königin, können allerdings nur Hotelgäste nutzen. Es bietet ähnlich einem türkischen Dampfbad heiße Becken

und kalte Duschen, die den Kreislauf und die Durchblutung anregen. Hier entspringt die heiße Quelle, die nach wie vor auch die übrigen Becken der Bäder speist. Die Thermalbäder sind Hotelgästen vorbehalten, doch im Rahmen von Führungen können die arabischen Bäder besichtigt werden.

■ Ctra. del Balneario s/n, Tel. 958/35 00 11, www.balnearioalhamadegranada.com, 20. Juli–12. Okt. tgl. zwischen 14–17 Uhr (15–20 Min.-Führungen auf Englisch und Spanisch), 16. April–19. Juli 13.30–15, 15. Nov.–15. April Mo 13.30–15 Uhr (nur max. 2 Führungen tgl.), Eintritt 1 €, Mo frei

Almuñécar und die Costa Tropical

Phönizisches Kulturerbe und exotische Früchte an Granadas »tropischer Küste«

Information

■ OIT, im Palacete de La Najarra, Av. Europa s/n, ES-18690 Almuñécar, Tel. 958/63 11 25, www.turismoalmunecar.es, Juli–15. Sept. tgl. 10–13, 18.30–21, 16. Sept.–Okt., April–Mai tgl. 10–13, 18.30–20, Nov.–März tgl. 9.30–13.30, 16.30–19 Uhr

Der vergleichsweise kurze Küstenabschnitt der Provinz Granada war lange Jahre v.a. für spanische Urlauber aus dem Hinterland die Feriendestination schlechthin. Aufgrund des subtropischen Mikroklimas und der relativ geringen touristischen Auslastung im Vergleich zur Costa del Sol Málagas entdecken immer mehr internationale Gäste den Charme der familienfreundlichen »tropischen Küste«, wo Wassersport ganzjährig möglich ist. Hauptort der Region ist Almuñécar, eine Jahrtausende alte Gründung der Phönizier.

Sehenswert

Castillo de San Miguel
| Festung |

Schon von Weitem sichtbar überragt die ursprünglich arabische und später von den Christen verstärkte Festung aus dem 8. Jh. die Stadt mit ihren weißen Häusern und einem verwinkelten Zentrum. Bereits die Römer hatten an diesem strategisch wichtigen Punkt eine Wehranlage errichtet.

■ C/ Explanada San Miguel 25, Tel. 958/83 86 23, Juli–Mitte Sept., Di–Sa 10–13.30, 18.30–21, So 10–13 sonst Di–Sa 9.30–19 Uhr, Eintritt 2,35 €, erm. 1,60 €

Parque Botánico de El Majuelo
| Botanischer Garten |

Das milde Klima der Region erlaubt es einer immensen Vielfalt von Pflanzen aus aller Herren Länder, an der Costa Tropical zu gedeihen. Einen tollen Einblick in die heimische Flora gibt der botanische Garten am Fuße der Festung San Miguel, wo auch Arten aus Südamerika, Afrika und den Philippinen wachsen. Hier finden sich auch die Überreste einer römischen Fertigungsstelle für »Garum«, eine in der Antike beliebte Gewürzsoße.

■ Av. Europa s/n, Mo–So 8–22 Uhr, Eintritt frei

ADAC *Wussten Sie schon?*

Das ganzjährig subtropische Klima im Windschatten der Sierra Nevada lässt **Tropenfrüchte** wie Avocados, Papayas, Guaven, Mangos und die süße Cherimoya-Frucht prächtig gedeihen. In Motril wurde zudem lange Jahre Zuckerrohr angebaut, ab 1963 auch für den lokalen Rum »Palido«.

⚽ Sport

Buceo Aqualia Tauchgänge in der Bucht von La Herradura, Schnupperkurse und sogenannte Taufen für Kinder ab zwölf Jahre. ■ C/ Gonzalo Barbero 1, La Herradura, Tel. 628/90 37 77, www.buceoaqualia.com, Schnuppertauchgang um 60 €

16 Vélez de Benaudalla

Nach der Alhambra die zweitgrößte arabische Gartenanlage Spaniens

Das beschauliche Vélez de Benaudalla liegt pittoresk eingebettet zwischen der nahen, kaum 20 km entfernten Costa Tropical und den über 3000 m hohen Gipfeln der Sierra Nevada. Das Dorf thront auf einem imposanten Karstfelsen am Ufer des Río Guadalfeo und wird von einem Wehrturm aus dem 15. Jh. überragt, der einen herrlichen Weitblick auf das fruchtbare Tal, die nahen Berge und die Küste ermöglicht. Im Dorfzentrum findet sich eine überschaubare Zahl an Tapasbars mit vorwiegend internationalen Stammgästen v.a. aus Zentral- und Nordeuropa, die das Dorf zu ihrer Altersresidenz erwählt haben. Die Tavernen servieren überraschend üppige Tapashäppchen, wie üblich in der Provinz stets kostenlos zum Getränk.

👁 Sehenswert

Jardín y Huerto Nazarí
| Gartenanlage |

Ein wenig bekanntes Juwel sind die arabischen Gärten des Dorfs, die auf die Zeit der Nasridendynastie im 14. Jh. zurückgehen. Beim Bau der Anlage wollte man nicht weniger, als das verlorene Paradies auf Erden schaffen, einen Ort, der alle Sinne stimuliert. Schatten spendende Bäume, Zypressen, Dattelpalmen und duftende Blüten umgeben, geometrisch angelegt, Brunnen, Wasserfälle, Zisternen und Kanäle. Wasser galt damals wie heute in der islamischen Kultur als göttliche Gabe, was bei diesem Garten, der wegen seiner Ähnlichkeit zu den Gärten der Alhambra in Granada auch »kleiner Generalife« genannt wird, besonders deutlich wird. Doch die Anlage hatte nicht nur Schönheit und Harmonie zum Ziel. Wie in der Alhambra wachsen hier zahlreiche Nutzpflanzen wie Oliven-, Pfirsich-, Granatapfel- und Aprikosenbäume sowie Weinreben.
■ C/ Blas Infante s/n, Besichtigung nach Voranmeldung über das Gemeindeamt, Tel. 958/65 80 11, Mo–So 10.30–13.30, 18.30–21.30, Herbst und Winter Mi–Sa 11–13, 17–19, So 11–13 Uhr, Eintritt 3 €, bis 4 Jahre frei.

ADAC *Mittendrin*

Spanienweit wird die Sommersonnenwende Noche de San Juan ausgelassen gefeiert. In Lanjarón in der Alpujarra, bekannt für eine Thermalquelle und Mineralwasser, wird der 22. Juni zunächst mit einer ausgiebigen Verkostung des Trevélez-Rohschinkens begangen. In der Nacht entwickelt sich die **Fiesta de Jamón y Agua** dann zur ausgewachsenen Wasserschlacht. Kübelweise schütten die Bewohner das Wasser von ihren Balkonen. Wasserbomben und Spritzpistolen tun neben Gartenschläuchen das Übrige – eine willkommene Abkühlung in der heißen Sommernacht.

Das weiße Dorf Pampaneira, eingebettet in die Landschaft der Alpujarra

17 La Alpujarra

Verträumte weiße Bergdörfer an den Hängen der Sierra Nevada

Information

■ OIT, Plaza de la Libertad 1, ES-18411 Pampaneira, Tel. 958/76 31 27, Mo–Fr 10–14, 16.30–19 Uhr

Von der Abfahrt »Lanjarón« der Autovia de Sierra Nevada (A-44) führt die A-348 in einen der schönsten Landstriche der Provinz Granada. Über Serpentinen geht es zu den weißen Bergdörfern der Alpujarra, die sich über die üppig bewachsenen Südhänge der über 3000 m hohen Bergkette der Sierra Nevada ausbreitet. Nach der christlichen Eroberung Granadas 1492 war hier der letzte Zufluchtsort der Mauren, bis eine von ihnen initiierte Revolte blutig endgültig niedergeschlagen wurde. Das Gebiet, das bis in die Nachbarprovinz Almería hineinreicht, zieht immer mehr Natur- und Wanderbegeisterte an. Am besten steuert man zunächst über die reizvolle Serpentinenstraße A-4132 Pampaneira an, das bereits auf knapp über 1000 m über dem Meeresspiegel liegt. Über dem bezaubernden weißen Dorf mit seinen verwinkelten Gassen und Treppen liegen die ebenso sehenswerten Nachbarorte Bubión und Capileira. Typisch ist die auf die arabische Ära zurückgehende Bewirtschaftung des terrassiert angelegten Ackerlandes in der Alpujarra. Die Bewässerung erfolgte durch ein maurisches Kanalsystem. Die sogenannten »Acequias« dienten jedoch nicht nur der landwirtschaftlichen Nutzung. Ziel war es, die gesamte Natur der Alpujarra-Region zu begrünen.

18 Granada
Die Stadt der Alhambra mit reichem maurischen Erbe

Granadas Stadtteil Albaicín mit Blick auf die Alhambra im Hintergrund

Information

- OIT, im Rathaus, Plaza del Carmen s/n, ES-18009, in der C/ Cárcel Baja, Palacio de las Niñas Nobles, und C/ Santa Ana, Tel. 958/24 82 80, www.granadatur.com
- Parken: siehe S. 65, S. 68

Granadas Hauptattraktion ist zweifelsohne die monumentale Palast- und Festungsanlage Alhambra, die sich vor dem Hintergrund der fast 3500 m hohen Gipfel der Sierra Nevada abhebt, die meist bis Ende Mai schneebedeckt sind. Doch in der rund 230 000 Einwohner zählenden Provinzhauptstadt verstecken sich noch viele weitere Architekturschätze – etwa der Palacio de Dar al-Horra und die Madraza aus der arabischen Ära oder die Renaissance-Kathedrale mit ihrem lichtdurchfluteten Inneren. Auch kulturell hat die Stadt einiges zu bieten, weltberühmt sind u.a. das Festival Musica y Danza und die zahlreichen Tapasbars.

Rund um die Alhambra und Realejo

Im Altstadtviertel unter der roten Stadtburg pulsiert das Leben

Von der Plaza Nueva aus führt die Cuesta Gomerez bergan durch eine gepflegte Parkanlage vorbei an einem

Rund um die Alhambra und Realejo | Granada 18

Plan
S. 67

👁 Sehenswert

① Alhambra und Generalife
| Palastanlage |

Ein Wunderwerk islamischer Baukunst aus der Nasridenära

Majestätisch thront die Palast- und Festungsanlage der arabischen Nasriden-Ära (1238–1492) auf einem Hügel über der Altstadt. Bereits seit 1984 zählt die »rote« Kasbah-Stadtburg mit ihren prunkvoll-ornamentierten Säulengängen, atemberaubenden Kuppeln und in höchster Stuckperfektion gearbeiteten Stalaktitengewölben zum Weltkulturerbe. Unübertroffen in ihrer Wirkung sind die reich verzierten Säle und Gemächer, Säulengänge und Innenhöfe, wie der kürzlich sorgfältig restaurierte und nun in neuem Glanz erstrahlende Löwenbrunnen im Patio de los Leones. Daneben zählt der bekannte »Myrtenhof« (Patio de los Arrayanes) mit seinem lang gestreckten Wasserbecken zu den Prunkstücken der Anla-

rekonstruierten maurischen Stadttor, der Puerta Bib-Rambla, sowie an Statuen der Schriftsteller Ángel Ganivet und Washington Irwing (»Geschichten der Alhambra«) bis hinauf auf den Sabikah-Hügel. Üppige Granatapfelbäume und die Mauern der Stadtburg säumen den Weg zum Haupteingang der Alhambra. Auf der Südwestseite der Festungsanlage, auf dem Weg hinab in den mittelalterlichen Stadtteil Realejo, gibt es zudem zwei wunderbar exzentrische Garten-Palacios, »Carmenes« genannt, zu entdecken. Im Viertel selbst warten jede Menge einladende Plätze, sehenswerte Kirchen und exzellente Tapasbars und Weinlokale.

ADAC *Mobil*

Die mit Audioguides (auch auf Deutsch) und Panoramafenstern ausgestatteten Hybrid-Elektrozüge des **Tren Turístico** fahren alle Sehenswürdigkeiten und die schönsten Orte der Stadt an. Eine Fahrt am Abend (bis 22 Uhr) durch den Albaicín ist ein unvergessliches Erlebnis (Tagespass 8 €, 2-Tagespass 12 €, Kinder bis 8 Jahre gratis, Senioren 4 €/6 €).
Infos unter: www.granada.city-tour.com/de; Rabatt beim Online-Kauf.

18 Granada

ge. Dank einer ausgeklügelten Wasserversorgung erscheint die Oberfläche des Brunnenbeckens stets vollkommen glatt. Im Wasser spiegelt sich der Comares-Turm (Torre de Comares), dessen Holzdecke im Inneren das Himmelsgewölbe symbolisiert. Atemberaubend detailreich sind auch die zahlreichen Stuck-Kuppeldecken der Anlage, etwa im Saal der Zwei Schwestern (Sala de las dos Hermanas), wo die Deckenornamente vor dem Auge des Betrachters zu schweben scheinen. Der Palacio Carlos V. wurde erst nach der Eroberung Granadas innerhalb der Mauern der Alhambra errichtet. Mit seinem elliptischen, mehrstöckigen und von Säulengängen gesäumten Innenhof gilt er als Meisterwerk der Renaissance-Architektur.

Ein wenig abseits der eigentlichen Alhambra auf einer Anhöhe gelegen, besticht der Sommerpalast Generalife, das »Lustschloss« der Sultane, mit seinen weitläufigen Gartenanlagen. Schon von Beginn an dienten die Gärten auch der landwirtschaftlichen Produktion, eine Tradition, die bis heute weitergeführt wird. Ein herrlicher Ausblick auf den Stadtteil Albaicín, das Zentrum und die weite Ebene der Vega vor Granada eröffnet sich von der massiven Torre de la Vela, dem mächtigsten Turm der Palaststadt.

■ C/ Real de la Alhambra s/n, Tel. 958/02 79 71, www.alhambra-patronato.es, April–14. Okt. tgl. 8.30–20, 15. Okt.–März 8–18 Uhr, Eintritt 14 €, Nachtführung 8 €, Gärten 7 €, erm. 8–9 €, bis 11 Jahre Eintritt frei, Tickets mehrere Wochen im Voraus reservieren über www.ticketmaster.es

Gefällt Ihnen das?

Neben der Alhambra hat Granada noch viele andere Monumente aus der arabischen Zeit zu bieten. Sie sind mit dem Hinweis »Dobla de Oro« im Albaicín und im Zentrum beschildert. Interessierte können sie mit einem Kombi- (mit Alhambra 19,95 €) oder Einzeltickets (2,50 €) besuchen. Dazu zählen etwa das **Cuarto Real de Santo Domingo** (S. 65), der **Dar-al-Horra-Palast** (S. 69), die Bäder **El Bañuelo** (S. 69), die Casa de Zafra in einer Seitengasse der **Carrera del Darro** (S. 69) sowie die Casa de Chapíz am Eingang zum **Sacromonte** (S. 70). *www.alhambra-patronato.es, 15. Okt.–14. März Mo–So 10–18, sonst 10–20 Uhr*

❷ Silla de Moro
| Aussichtspunkt |

Vom Parkplatz der Alhambra führt eine asphaltierte, aber für den Verkehr gesperrte Straße, bergauf zur kürzlich restaurierten Festung Silla del Moro, die einst die Alhambra und ihre Wasserversorgung beschützen sollte. Es sind knapp 800 m Höhenmeter, die bei leichter Steigung zu bewältigen sind, doch es lohnt sich. Denn von hier bietet sich ein toller Überblick über die Alhambra und den gegenüberliegenden Albaicín.

■ Festung: Sa vormittags, So vor- und nachmittags, Mo–Fr geschl., Eintritt frei

❸ Carmen de los Martires
| Gartenanlage |

Der romantisch-fantastische Carmen de los Mártires mit seinen Teichen, Brücken, Grotten und Wasserfällen gilt noch immer als Geheimtipp, in den sich bislang nur wenige Besucher ver-

Rund um die Alhambra und Realejo | Granada

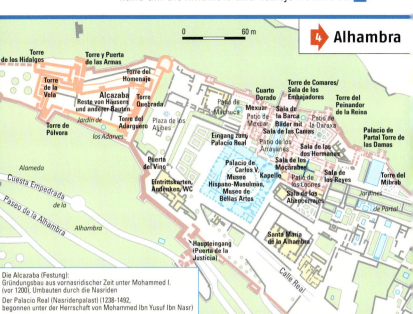

irren. Die parkähnliche Anlage ist eine Oase der Entspannung.

■ C/ de Antequeruela Alta s/n, Tel. 958/ 84 91 03, April–14. Okt. Mo–Fr 10–14, 18–20, Sa, So, Feiertage 10–20, 15. Okt.– März 10–14, 16–18, Sa, So, Feiertage 10–18 Uhr, Eintritt frei

❹ Cuarto Real de Santo Domingo
| Palast |

Der älteste Palast aus der frühen Phase der Nasridenherrschaft wurde wahrscheinlich unter Federführung von Mohammad II. (1273–1302) errichtet und diente auch als Vorbild für die Prunkräume der Alhambra. Im Zuge der christlichen Rückeroberung Granadas 1492 wurde der Palast dem Dominikanerorden übergeben. Aus arabischer Zeit ist der Torreón, der Wehrturm der Stadtmauer, erhalten geblieben, außerdem ein quadratischer Kuppelbau (Kubba), Eingangsbögen sowie Reste der alten Stadtmauer, die den Stadtteil Realejo umgab. Der umliegende Park mit seinen Wasserspielen lädt zum Verweilen ein. In den Museumsräumen werden zeitgenössische Kunstausstellungen gezeigt.

■ Plaza de los Campos 6, Tel. 958/84 91 11, Juni, Juli, Aug., Sept. tgl. 10–14, 17–21, sonst 10.30–14.30, 16–20 Uhr, Eintritt frei

P Parken

Wer die Alhambra mit dem Auto erreichen möchte, kann den Aparcamiento La Alhambra nutzen. Der **Parkplatz** (1. Std. 2,70 €, jede weitere Std. 1,78 €, pro Tag 18,45 €) verfügt über mehr als 400 Stellplätze, ist gut ausgeschildert und über die A-44 zu erreichen.

■ Camino Viejo Del Cementerio s/n, Plan S. 67 c3

Granada

🍴 Restaurants

€€ | **Kiosko Las Titas** Im Park Jardines del Genil am gleichnamigen Fluss wartet das Las Titas mit großer Terrasse und modernistischem Pavillon. Der Kiosko ist Tapas-Lokal, romantisches Restaurant und ein äußerst beliebter Treffpunkt der Granadinos zugleich. ■ Paseo de la Bomba s/n, auf Höhe der Fuente de los Cuatro Leones, Tel. 958/12 00 19, www.kioskorestaurantelastitas.com, tgl. 8–24 Uhr, Plan S. 67 südl. b2

⑪ €€ | **Picoteca 3 Maneras** Hier wird die Küche Andalusiens kreativ mit internationalen Einflüssen zu wunderbaren Gaumenfreuden kombiniert. Auch die Sandwiches und Burger sind köstlich. Vegetarier werden ebenfalls verwöhnt. Reservierung ratsam. ■ C/ Sta. Escolástica 19, Tel. 958/22 68 18, Di–Sa 13–16.30, 20–24, So 13–16.30 Uhr, Plan S. 67 b3

Historisches Zentrum

Imposante Sakralarchitektur, der alte, verwinkelte Basar und schöne Plazas

Am besten beginnt man eine Entdeckungstour durch die Altstadt im Zentrum von Granada an der Plaza de las Pasiegas vor der Kathedrale oder an der nahe gelegenen Plaza de la Romanilla mit dem Centro Federico García Lorca. Von dort geht es dann über die Plaza Bib-Rambla, durch den Alcacería-Basar vorbei am Kolumbus-Denkmal bis zum sehenswerten Rathausplatz Plaza del Carmen.

👁 Sehenswert

 Kathedrale von Granada
| Kathedrale |

Die 1561 auf den Grundmauern der ehemaligen Hauptmoschee fertiggestellte Kathedrale von Granada ist ein einzigartiges Architekturjuwel. Sie gilt als Meisterwerk der spanischen Renaissance, entworfen von Diego de Siloé, einem Stararchitekten seiner Zeit. Das Innere ist pompös barock ausstaffiert und beherbergt neben vielen Kunstschätzen das Marienbildnis »Inmaculada« von Alonso Cano, einem der wichtigsten Barockkünstler Spaniens, der aus Granada stammte. Nach ihm wurde auch ein hübscher Platz vor der Kathedrale benannt, wo sich die barocke, aber schlichte Iglesia del Sagrario und die alte Universität der Stadt befinden.

ADAC *Mittendrin*

Mit frischem Fisch und Meeresfrüchten in drei Niederlassungen und bereits seit 1942 sind **Los Diamantes** ein Urgestein in Granadas Tapas-Szene. Das urigste Diamantes-Lokal befindet sich in der C/ Navas 28 (Di–So 12.30–16.30, 20.30–24 Uhr). Die Kellner, echte Originale mit viel Temperament, reichen wieselflink Getränke und Leckereien, ohne dabei den Überblick zu verlieren. Es füllt sich rasch und leert sich spät wie auch das nur wenige Seitenstraßen entfernte Diamantes II in der C/ Virgen del Rosario (Di–Do 13–16, 20.30–23, Fr, Sa bis 23.30, So 13–16 Uhr). Wer es lieber etwas geräumiger und moderner mag, der wird sich in der bei Touristen beliebten Dependance an der Plaza Nueva 13 (tgl. 12.30–24 Uhr, Tel. 958/07 53 13) wohlfühlen. Hier macht die Küche auch keine Siesta-Pause.
www.barlosdiamantes.com

Historisches Zentrum | Granada 18

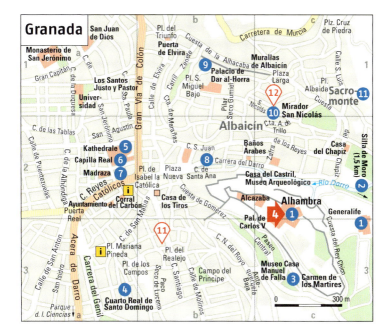

■ Plaza de las Pasiegas, Mo–Sa 10–18, So, Feiertage 15–18.30 Uhr, Eintritt 5 €, bis 12 Jahre frei sowie So nach Onlinereservierung auf www.archidiocesisgranada.es

6 Capilla Real
| Gruft |

Die Gruft der »Katholischen Könige« ist untergebracht in einem spätgotischen Mausoleum im Stil einer Franziskanerkirche. In der Grabkapelle wurden einst Isabel I. von Kastilien und Fernando II. von Aragón gemeinsam mit Juana I. von Kastilien (»der Wahnsinnigen«), Felipe I. (»dem Schönen«) und dem mit zwei Jahren verstorbenen Kronprinzen Miguel de Paz zur ewigen Ruhe gebettet. Der Eingangsbereich besticht mit der Fassade der ehemaligen Warenbörse (»Lonja«) Granadas. Die Monarchen-Sarkophage sind frühe kunstvolle Renaissance-Steinmetzarbeiten.

■ C/ Oficios s/n, www.capillarealgranada.com, Mo–Sa 10.15–18.30, So 11–18.30 Uhr, Eintritt 5 €, bis 12 Jahre frei, Mi ab 14.30 Uhr und So frei nach Onlinereservierung auf www.arzobispadodegranada.com

7 Madraza
| Koranschule |

Die 1349 gegründete Koranschule war die einzige ihrer Art in »al-Andalus«. Sie wurde kürzlich restauriert und beeindruckt mit arabischen Ornamenten und Säulen, an denen noch die ursprüngliche Farbgebung sichtbar ist. Den Festsaal im Obergeschoss, Salón de Caballeros XXIV ziert eine »gewebte« Mudéjar-Holzdecke. Nach der Reconquista diente der Bau jahrhundertelang als Rathaus, wie seine Barockfassade heute noch bezeugt.

■ C/ Oficios 14 Tel. 958/99 63 50, tgl. 10–20 Uhr, Herbst, Winter bis 19 Uhr, Eintritt 2 €

Granada

Während der Maurenherrschaft wurden in der Madraza Recht und Medizin gelehrt

Parken

Ein **Parkhaus** befindet sich an der Plaza de San Agustín am Markt (1,60 € pro Std., max. 25 € pro Tag, Plan S. 67 a2). Da die Gran Via del Colón von 7.30 bis 22 Uhr gesperrt ist, muss man über die C/ Elvira anfahren. Eine weitere Option gibt es an der Plaza Sor Cristina de la Cruz Arteaga (1,65 € pro Std., max. 18 € pro Tag, Plan S. 67 a1).

Restaurants

€ | Bar Casa Julio Hier werden bereits seit 1947 in gemütlicher Atmosphäre Fischtapas, köstliche Schinkenkroketten und ein himmlischer Gazpacho im Glas (nur im Sommer) serviert. Nur Sessel oder Barhocker gibt es leider keine, dafür sind die Kellner umso herzlicher. ■ C/ Hermosa 6, Di–Sa 13–16, 20.30–24, So 13–16 Uhr, Plan S. 67 b2

€€–€€€ | Marisquería Cunini Beliebter Treffpunkt der Granadinos. Unweit der Plaza Romanilla im Zentrum kommen Meeresfrüchte-Liebhaber voll auf ihre Kosten und finden neben Krabben, Hummern, Austern und Stabmuscheln (»Navajas«) noch vieles mehr, was das Schlemmerherz begehrt. ■ Plaza de Pescadería 14, Tel. 958/26 75 87, www.marisqueriacunini.es, Di–Fr 12–16, 20.30–24, So 12–16 Uhr, Plan S. 67 a2

Kinder

Los Italianos Dieser Laden ist berühmt für das angeblich beste Eis in Granada und seine köstlichen Eistorten in der Tüte. Selbst die ehemalige US-Präsidentengattin Michelle Obama besuchte die Eisdiele bereits mit ihren Kindern – auch sie kam ins Schwärmen. ■ Gran Via de Colón 4, Tel. 958/22 40 34, Mai–Mitte Okt. 9–24 Uhr, Plan S. 67 b2

Durch den Albaicín zum Sacromonte

Das alte Maurenviertel – ein Labyrinth aus Gässchen und weißen Häusern

Nördlich der Plaza Nueva beginnt der alte arabische Stadtteil Albaicín, der sich vis-à-vis der Alhambra ausbreitet. Ruhiger, fast dörflich wirkt dieses Viertel mit seinen engen, verwinkelten, mitunter steilen Gassen. Vormittags auf dem Markt der Plaza Larga und abends an den beliebten Aussichtspunkten, v.a. dem Mirador San Nicolas und dem Mirador San Cristobal, pulsiert das andalusische Leben; Flamenco-Gesang und Gitarrenklänge sind omnipräsent. Auch wenn man dabei einige Höhenmeter überwinden muss, startet man einen Spaziergang am besten entlang der mit arabischen Läden und Teehäusern gesäumten Caldererìa Vieja und Caldererìa Nueva, um sich dann in den engen, mit feinen Pflastersteinen (»Empedrado Granadino«) versehenen Wegen zu verlieren. Ein Rundgang führt vorbei an Stadthäusern mit Gartenanlagen (»Carmen«), zahlreichen Plätzen und »Casas Moriscas«, kleinen Wohnhäusern mit schattigen Patios, die von muslimischen Handwerkern nach der Reconquista errichtet wurden.

8 Carrera del Darro
| Straßenzug |

Von der Plaza Nueva aus verläuft die schöne, aber leider zur Hochsaison stark von Taxis, Touristenzügen und Linienbussen befahrene Carrera del Darro entlang des Darro-Ufers. Vorbei an jahrhundertealten Brücken führt sie zur Mudéjar-Kirche Parroquía San Pedro y San Pablo mit Renaissance-Portal, zur imposanten, platereksen Fassade der Casa de Castril (Sitz des Archäologischen Museums, www.museosdeandalucia.es) und zu den alten arabischen Bädern El Bañuelo. Die Promenade mündet schließlich in den Paseo del Padre Manjón, besser als »Paseo de los Tristes« bekannt, der von Bars und Restaurants gesäumt wird und bis spät in die Nacht belebt ist – ein herrlich romantisches Fleckchen mit Blick auf die beleuchtete Alhambra und Treffpunkt von Pärchen und Straßenmusikern.

9 Palacio de Dar al-Horra
| Palast |

Der kleine, aber schmucke arabische Nasridenpalast aus der Mitte des 15. Jh. diente bis 1472 als Residenz der Sultanin Aixa. Sie war die Mutter des letzten Nasridenherrschers Boabdil, der gemeinhin auch als »kleiner König« (span. »Rey Chico«) bekannt ist.

■ Callejón de las Monjas s/n, Tel. 958/02 79 71, 9–14.30, 17–20.30 Uhr, Eintritt 2,50 €

10 Mirador San Nicolas
| Aussichtspunkt |

Atemberaubender Ausblick auf die gegenüberliegende Alhambra

Hier offenbart sich der mit Abstand schönste Postkartenblick auf die Al-

ADAC *Spartipp*

Günstig und abenteuerlich ist die Fahrt mit den städtischen **Mikrobussen** durch die engen Gassen des Albaicín-Stadtteils. Mit der Linie C1, ab der Catedral oder Plaza Nueva, kommt man bequem zum Mirador San Nicolas. Die C3-Busse verkehren direkt zur Alhambra. *www.movilidadgranada.com, Einzelfahrt 1,20 €*

Granada

Das Museo Cuevas del Sacromonte veranschaulicht das traditionelle Höhlenleben

hambra, den weißen Generalife-Sommerpalast und die dahinter liegenden, oft schneebedeckten Gipfel der Sierra Nevada. Vor allem zum Sonnenuntergang füllt es sich hier. Morgens nach Sonnenaufgang kann man den Ausblick dagegen noch in relativer Einsamkeit genießen. Die weiße Kirche San Nicolas, die dem Platz seinen Namen verlieh, lohnt ebenso einen Besuch, insbesondere der Glockenturm, der einen noch besseren Rundumblick über den Albaicín und die Alhambra ermöglicht.

■ Plaza de San Nicolás s/n

11 Sacromonte
| Stadtviertel |

Auch während der arabischen Herrschaft war Sacromonte von Christen bewohnt. Der Stadtteil ist weithin bekannt für seine zahlreichen »Cuevas«, Höhlenlokale, in denen die Flamenco-Kultur mit Gesang und Tanz gepflegt wird. Auch Höhlenwohnungen ähnlich denen in Guadix (S. 72) sind in diesem Teil der Stadt zu finden. Das Museo Cuevas del Sacromonte gibt einen Einblick in die Höhlenwelt und in die Kultur der »Gitanos« (Roma in Spanien), die in den Höhlen hauptsächlich lebten. Auf dem eigentlichen Sacromonte, dem »heiligen Berg«, lassen sich wunderbare Sonnenuntergänge beobachten, die die Alhambra tiefrot färben.

■ Museo Cuevas del Sacromonte, Barranco de los Negros s/n, www.sacromontegranada.com, tgl. 10–20 Uhr, Eintritt 5 €

Cafés

Tetería Bañuelo Teehäuser im nordafrikanischen Stil haben in Granada große Tradition. Eines der schönsten findet sich bei den gleichnamigen arabischen Bädern in der Nähe der Carrera del Darro – mit Terrasse und Blick auf einen Teil der Alhambra. Es gibt Minztee und arabische Süßspeisen. ■ C/ Bañuelo 5, Tel. 958/22 41 97, tgl. 11–24 Uhr, Plan S. 67 b2

Durch den Albaicín zum Sacromonte I **Granada** 18

Sport

In knapp einer halben Stunde Fahrtzeit über eine Serpentinenstraße erreicht man von Granada aus die Talstation Pradollano im **Skigebiet der Sierra Nevada**. Die Skisaison beginnt meist Anfang Dezember (abhängig von den ersten ergiebigen Schneefällen) und endet im April. Das Gebiet verfügt über moderne Liftanlagen und bietet eine exzellente Infrastruktur. An klaren Tagen blickt man vom Gipfel des El Veleta (3394 m), der per Lift erreichbar ist, auf das nahe Mittelmeer oder sogar bis zum Rif-Gebirge in Nordafrika. ■ Infos und Liftpreise siehe Website: www.sierranevada.es

In der Umgebung

Fuente Vaqueros
| Geburtshaus |

An der Strecke von Granada nach Santa Fé liegt der Geburtsort des Lyrikers Federico García Lorca, wo man dessen Geburtshaus besichtigen kann, das zu einem Museum umgestaltet wurde. Das schmucke Landhaus im Ortskern des Dorfes bietet Einblicke in die Jugendjahre des wichtigsten spanischen Literaten des 20. Jh. Die Bars am hübschen Dorfplatz von Fuente Vaqueros, wo der Bildhauer Cayetano Aníbal dem Poeten ein sehenswertes Denkmal schuf, laden außerdem zu einer entspannten Tapas-Mahlzeit auf der Terrasse ein.

■ Museo Casa Natal, C/ García Lorca 4, Fuente Vaqueros, Tel. 958/51 64 53, Besuch nur im Rahmen einer Führung möglich: Okt.–März um 10, 11, 12 und 13 sowie um 16 und 17, April–Juni 17, 18 Uhr, Mo, So nachmittags und an Feiertagen geschl., Eintritt 1,80 €

Im Blickpunkt

Federico García Lorca

Federico García Lorca, der 1898 in Fuente Vaqueros bei Granada als Sohn wohlhabender Landwirte geboren wurde, ist unbestritten der wichtigste spanische Dramatiker und Lyriker des 20. Jh. Seine Jugendjahre verlebte Lorca, der später zur Leitfigur der sogenannten »Generación del 27« wurde, in Granada. Zum Studieren siedelte er 1919 nach Madrid über, wo für ihn eine prägende Phase begann. Nachdem er mit dem Regisseur Luis Buñuel und Salvador Dalí in Paris an dem berühmten surrealistischen Film »Ein andalusischer Hund« gearbeitet hatte, bereiste er 1929 und 1930 New York und Kuba. Anfang der 1930er-Jahre feierte er im Spanien der Zweiten Republik seine größten Bühnenerfolge. Stücke wie »Bluthochzeit« oder »Bernarda Albas Haus« modernisierten radikal das zeitgenössische Theater. Gleich nach Bürgerkriegsbeginn im August 1936 wurde Lorca von den Putschisten unter Francisco Franco ermordet.

19 Montefrío

National Geographic zählt es zu den schönsten Dörfern der Welt

Information

■ OIT, Plaza de España 1, ES-18270, Tel. 958/33 60 04, www.montefrio.org, Mo–Fr 10–14, Sa, So 16.30–18.30, Mitte Okt.–Mitte März 16–18 Uhr

Überragt von einer markant geformten Felsformation beeindruckt das Panorama des knapp 5600 Einwohner zählenden weißen Dorfes schon aus der Ferne seine Besucher. Der Aufstieg durch die hübschen, engen Gässchen zur Iglesia de la Villa, die von den Katholischen Königen auf den Grundmauern einer alten, maurischen Festung errichtet wurde, stellt für Spaziergänger keinen allzu großen Kraftakt dar. Zahlreiche Bars und Restaurants bieten traditionelle Hausmannskost und laden zum Verweilen ein. Berühmt sind die in Montefrío hergestellten Käsesorten, vom weichen »Tierno« bis hin zum »Cabra« aus frischer Ziegenmilch.

20 Guadix

Ein Besuch in den Behausungen moderner Höhlenmenschen

Information

■ OIT, Plaza de la Constitución 15-18, ES-18500, Tel. 958/66 28 04, www.guadix.es, Mo–Fr 9–14, 16–18, Sa 10–14, 16–18, So und Feiertage 10–14 Uhr

Wie bereits der französische Geograf und Andalusienkenner Jean Serme (1907–2003) treffend notierte, kann man Guadix nicht beschreiben, man muss es gesehen haben. Schon bei der Anfahrt über die Autovia A-92 talwärts befindet man sich in einer geologisch hochinteressanten Landschaft, die an Wildwest-Filme erinnert, der sogenannten Mulde von Guadix. Bei Kilometer 312 ist der imposante Castillo de

Im Blickpunkt

Hollywoodreife Landschaften

In den 1960er-Jahren entdeckten Filmemacher die Provinz Almería als idealen Drehort für ihre Zwecke, zuerst den Desierto de Tabernas, wenig später auch den Cabo de Gata, der 1987 zum Naturschutzgebiet erklärt wurde und vom Bauboom verschont geblieben ist. Seither wurden mehr als 500 Western-Streifen hier gedreht, darunter die »Spaghetti-Western«-Klassiker von Sergio Leone. Die Kulisse von Almería war einfach weitaus günstiger, als das Set im US-Bundesstaat Arizona zu errichten, und landschaftlich erwartete die Filmcrews hier eine ebenbürtige Kulisse. Der ersten Westernwelle folgten Kassenschlager und Kultfilme, von »Conan der Barbar« bis hin zu Michael »Bully« Herbigs »Der Schuh des Manitu«. Auch die Wüstenszenen von »Lawrence von Arabien«, »Indiana Jones – Der letzte Kreuzzug« und die Moses-Biografie »Exodus« von Ridley Scott entstanden in Teilen hier.

Die oft komfortabel eingerichteten Casas Cueva schützen vor Hitze und Kälte

La Calahorra auf einer Anhöhe zu sehen, der zurzeit jedoch nicht öffentlich zugänglich ist. Die Kleinstadt selbst ist berühmt für ihre Höhlenwohnungen, »Casas Cueva« genannt.

 Sehenswert

Centro de Interpretación Cuevas de Guadix
| Museum |
Einen Einblick in die Welt der Höhlenwohnungen, von einfach bis luxuriös, bietet dieses familienfreundliche Museum mit kompetenten Guides (auch auf Englisch). Anschaulich wird die Tradition, Geschichte und Bauweise dieser einzigartigen Behausungen mit Kaminen und weißen Fassaden beleuchtet. Die Höhlen bieten einen beachtlichen ökologischen Vorteil gegenüber normalen Behausungen: Im Inneren hält sich beständig eine Temperatur von ca. 20 °C – sowohl im Sommer als auch in frostigen Winternächten. Zudem dauert der Bau nicht lange: Eine Drei-Zimmer-Höhle ist in knapp drei Monaten bezugsfertig. In der Nähe kann man die Cueva Santa Virgen de Gracia besuchen, eine Höhlenkapelle an der Plaza Padre Poveda.

■ Plaza Ermita Nueva s/n, Barrio de las Cuevas, Tel. 958/66 55 69, Führungen nach Voranmeldung, Mo–Fr 10–14, 16–18, Sa, Feiertage 10–14 Uhr, Eintritt 2,50 €, erm.1,55 €, bis 14 Jahre frei

Kathedrale von Guadix
| Kirche |
Durch die Puerta de San Torcuato gelangt man ins mittelalterliche Guadix mit seiner Catedral de la Encarnación, die im 16. Jh. von Stararchitekt Diego de Siloé auf den Grundmauern der alten Hauptmoschee errichtet wurde. Der Kirchenbau mit Renaissance- und Gotik-Elementen gilt als einer der bedeutendsten Sakralbauten Andalusiens. Das Innere ist wie üblich pompös-barock gehalten.

■ Paseo Ismael González de la Serna s/n, www.catedraldeguadix.es, Okt.–März

20 Guadix

In der Tabernas-Wüste fallen nicht mehr als 240 mm Niederschläge im Jahr

Mo–Sa 10.30–14, 16–18, April–Mai Mo–Sa 16.30–18.30, Juni–Sept. Mo–Sa 17–19.30, So 10.30–11.45, 13.15–14.30, Eintritt 5 €, erm. 3,50–4,50 €, Mo–Fr 8.30–9.30 und bis 13 Jahre Eintritt frei

21 Tabernas

In Europas einziger natürlicher Wüste spielten zahlreiche »Spaghetti-Western«

Information

■ OIT, Av. de las Angustias s/n, ES-04200, Tel. 950/52 50 30, tgl. 10–13 Uhr

Tabernas selbst ist ein kleines historisches, verschlafenes Dorf mit einigen typischen Tapasbars. Von den Ruinen der Burgruine, dem Castillo de Tabernas aus der Zeit der Nasridenherrschaft im 9. Jh., bietet sich ein toller Ausblick auf die umliegende Mondlandschaft. Nicht nur Regielegende Sergio Leone drehte in der Tabernas-Wüste seine berühmte Westerntrilogie »Für eine Handvoll Dollar« mit Clint Eastwood. Tabernas diente auch als Filmkulisse für Hollywoodhelden wie Indiana Jones oder James Bond. Zudem wird hier ein äußerst schmackhaftes Olivenöl hergestellt, das »Oro del desierto«, das Gold der Wüste.

Kinder

Fort Bravo In den Cinema-Studios Fort Bravo Texas sind viele der Originalkulissen aus den 1960er- und 1970er-Jahren erhalten geblieben. Westernfilme wie »Vier Fäuste für ein Halleluja« mit Bud Spencer und Terrence Hill, »Winnetous Rückkehr«, aber auch »Der Schuh des Manitu« mit Michael »Bully« Herbig sind hier mit Requisiten vertreten. Bis heute wird die Anlage für Filmproduktionen genutzt, zuletzt jedoch eher für Werbespots. Kinder können in den Studios Wildwest-Atmosphäre mit Cowboys und Banditen schnuppern, und wer mag, kann hoch zu Ross durch Fort Bravo traben. Im Ticketpreis enthalten ist eine Kutschfahrt, Cowboy- und Can-Can-Tanzshows sowie der Eintritt ins dazugehörige Themen-Freibad. ■ Paraje del Unihay s/n, Ausfahrt 376 der A-92, Tel. 902/07 08 14, www.fortbravooficial.com, www.fortbravoentradas.com, tgl. 9–19.30 Uhr, Eintritt 19,40 €, erm. 15,90 €

Erlebnisse

Malcamino's Dieser Veranstalter bietet zweistündige Touren mit Geländewagen in die eindrucksvolle Wüste um Tabernas und zu den Schauplätzen einiger Filme mit Guides auf Spanisch und Englisch. ■ Paraje Balsa Gergal 3, Reservierung und Infos: Tel. 627/67 18 68, www.malcaminos.com, Abfahrt tgl. 10 und 17.30 Uhr, ab 30 € pro Pers.

Almería

Altes maurisches Seehandelszentrum mit über 3000 Sonnenstunden pro Jahr

Information

■ OIT, Plaza de la Constitución 1, ES-04003, Tel. 950/21 00 00, tgl. 10–14, 17–21 Uhr

Die Ursprünge der Hafenstadt mit ihrem typisch nordafrikanischen Stadtbild, den engen Gässchen und von Palmen gesäumten Alleen reichen bis ins Jahr 955 n.Chr. zurück. Der erste Kalif des Emirats von Córdoba, Abd ar-Rahman III., gründete Almería, das noch immer von der mächtigen Alcazaba überragt wird. Es sollte als Haupthafen seines damals mächtigen Reichs dienen. Nach der Eroberung durch die christlichen Heere 1489 setzte im 16. Jh. der Niedergang der Stadt ein. Erdbeben, Pestepidemien und Angriffe von Berberpiraten sorgten dafür, dass Almería erst im 19. Jh. aufgrund britischer Bergbautätigkeit wieder Bedeutung erlangte. Heute zeigt sich in der Stadt wieder ein gewisser Wohlstand, der auf dem Anbau von Tomaten, Paprika und Melonen in den Gewächshäusern im Umland begründet liegt. Bei einem Zentrumsrundgang trifft man an der Plaza de las Flores auf eine Statue von John Lennon, der 1966 einige Monate in Almería verbrachte.

Sehenswert

Kathedrale von Almería
| Kathedrale |

Auch wenn der Bau äußerlich schlicht wirkt, die unter Kaiser Carlos V. errichtete Catedral de la Encarnación ist einzigartig. Denn sie ist eine Wehrkirche, wie die glatten Außenwände verraten, und damit die einzige ihrer Art, die im 16. Jh. errichtet wurde. Sie diente u.a. zum Schutz vor den damals häufigen Angriffen der Berberpiraten. Im Inneren besticht neben dem Hochaltar der Chor aus Walnussholz mit 75 Sitzen. Die Innenhöfe der sonst im gotischen und Renaissance-Stil errichteten Kathedrale zeigen sich neoklassizistisch.

■ Plaza de la Catedral 8, www.catedralalmeria.com, Juli–Sept. Mo–Fr 10–20.30, letzter Einlass 18.30, Sa 10–19, So 13.30–19 Uhr, sonst siehe Website, Eintritt 5 €, erm. 3–4,50 €, bis 12 Jahre frei

Alcazaba
| Festung |

Mit mehr als 1,4 km Umfang ist diese Festung die größte noch erhaltene arabische Alcazaba Spaniens. Sie liegt über der einstigen Medina, von der heute in erster Linie die verworrenen Gassen zeugen. Von der Alcazaba und der Torre de la Odalisca offenbart sich ein wunderbarer Blick über die Stadt auf den Golf von Almería bis zum Cabo de Gata. Sehenswert im dreiteiligen Festungsbau mit zwei arabischen Bereichen sowie einem christlichen aus der Zeit nach der Eroberung 1489 ist die Kapelle Ermita de San Juan.

■ Calle Almanzor s/n, Tel. 950/80 10 08, 16. Sept.–März Di–Sa 9–18.30, So, Feiertage 10–17, April–Mai Di–Sa 9–20, 16. Juni–15. Sept. tgl. 9–15.30, 18.30–22, So 10–17 Uhr, Eintritt frei

Die imposante Alcazaba von Almería thront auf einem Felsplateau über der Stadt

Restaurants

€–€€ | Casa Puga Die traditionsreichste Tapasbar und Weinschenke in Almería. Das Interieur ist seit Anfang des 20. Jh. quasi unverändert geblieben. Typische Gerichte in Topqualität und unvergleichlichem Ambiente. ■ C/ Jovellanos 7, Tel. 950/23 15 30, www.barcasapuga.es, Mo–Sa 12–16, 20–24 Uhr

23 Níjar und der Cabo de Gata

 Das Tor zum Naturpark Cabo de Gata mit traumhaften Stränden

Information

■ OIT, Plaza de Mercado s/n, ES-04100, Tel. 950/61 22 43 und 950/36 00 12, Di–Sa 10–14, 18–20, Juni–Sept. bis 21.30, So 10–14, Okt.–Osterwoche 10–14 Uhr

Das Gemeindegebiet von Níjar ist eines der größten Spaniens und erstreckt sich über weite Teile des Naturparks Cabo de Gata. Hier finden sich nicht nur ein paar der letzten unberührten Strände der spanischen Mittelmeerküste, etwa die Playa de los Genoveses beim Dörfchen San José. Auch das Hinterland ist äußerst reizvoll. Nirgendwo in Europa, nicht einmal in der nahen Tabernas-Wüste, fällt derart wenig Niederschlag, lediglich 180 bis 200 mm pro m² im Jahr. In einer Saline auf der Al -3115 Richtung Kap Las Sirenas kann man eine Flamingokolonie beobachten. Und übrigens: Der Cabo de Gata ist nicht nach dem spanischen Wort für Katze (»gata«) benannt, sondern nach den hiesigen Vorkommen an Achat (»ágata«). Die Region war lange Zeit ein wichtiges Bergbaugebiet und auch bekannt für den Goldabbau in Rodalquilar.

Níjar und der Cabo de Gata

Sehenswert

Cactus Níjar
| Botanischer Garten |

Dies ist ein hübsch angelegter, liebevoll gepflegter Kaktus- und Sukkulentengarten, der von einem Verein geführt wird und mit einer außergewöhnlichen Sammlung aufwarten kann, insbesondere was Anzahl, Größe und Artenreichtum betrifft. Besucher können günstige, kleine Ableger als stachelige Souvenirs erwerben. Die überaus freundliche Belegschaft ist auch des Englischen mächtig und beeindruckt mit enormem Fachwissen über die Pflanzen.

■ Camino Campo, Tel. 650/84 60 19, Mo–So 10–14, 17–20 Uhr, Eintritt frei

Cuevas de Sorbas
| Höhlen |

 Eintauchen in die verborgene Unterwelt der Karsthöhlen

Einzigartig ist die Höhlenwelt unter Sorbas am Rande der Tabernas-Wüste und unweit des Naturparks Cabo de Gata, knapp 40 km nordöstlich von Níjar gelegen. Mehr als 1000 Höhlen sind bislang entdeckt worden. Sie legen Zeugnis ab von den geologischen Kräften, die seit Jahrmillionen zwischen den eurasischen und afrikanischen Kontinentalplatten aufeinander wirken. Interessierten eröffnet sich eine faszinierende unterirdische Welt voller Stalagmiten, Stalaktiten und versteinerter Korallen. Besucher benötigen keinerlei Kletter- oder Höhlenerfahrung, eine Reservierung ist erforderlich. Der Eintrittspreis umfasst eine Führung (ca. 2 Std., auch auf Deutsch) und die Ausrüstung.

■ Paraje Barranco del Infierno, Sorbas, Tel. 950/36 47 04, Infos und Anmeldung per E-Mail: info@cuevasdesorbas.com, www.cuevasdesorbas.com, Mo–Sa 10–14, 16–18, So 10–14 Uhr, Eintritt je nach Route ab 15 €, erm. 10,50 €

Playa de los Genoveses
| Strand |

Einer der schönsten Strände der Region ist über Nebenstraßen unproblematisch zu erreichen, vor Ort gibt es stets Parkplätze. Der über 1 km lange Sandstrand ist ideal für Familien. Bei hohen Wellen ist jedoch Vorsicht geboten, dann kann es zu gefährlichen Unterströmungen kommen. Der Genoveses-Strand ist in San José gut ausgeschildert und über eine Schotterpiste an der westlichen Ortsausfahrt zu erreichen. Dieselbe Piste führt auch zur Playa Mónsul. In den Sommermonaten werden pro Fahrzeug 5 € Gebühr verlangt.

Restaurants

 €€ | **La Loma** Auf einer riesigen Terrasse, in arabischem Ambiente im Stil von Tausendundeiner Nacht speist man im La Loma Fusion-Küche mit lokalen und nordafrikanischen Einflüssen. Das Lokal befindet sich in privilegierter Lage über La Isleta del Moro, inklusive Panoramablick auf Küste und Klippen. Reservierung wird empfohlen. ■ An der AL-4200 auf einer Anhöhe über dem Ort La Isleta del Moro Richtung Rodalquilar, Tel. 950/38 98 31, www.casacafelaloma.com, Mai–Sept. 12–24 Uhr

Sport

Cortijo Subaquatico Tauchsportbegeisterte sollten eintauchen in die unvergleichliche Unterwasserwelt des

23 Níjar und der Cabo de Gata

Naturparks. Spezielle Schnuppertauchgänge bietet das erfahrene Team des Cortijo, das auch Polizeitaucher schult, ab 50 € an. ■ C/ Mayor 26, Las Hortichuelas Bajas, Tel. 950/38 81 41, www.elcortijosubacuatico.com, Infos und Anmeldung auch per E-Mail: info@el cortijosubacuatico.com, Mai–15. Okt. Mo–Sa 8–14, 16.30–19.30, So 8–14 Uhr

Happy Kayak Organisierte Kanu-Ausflüge (ab 25 €, erm. 15 €) starten am Stadtstrand des Hauptortes am Cabo de Gata bei San José: Im Angebot ist z.B. eine zweistündige Tour zur Cala Higuera, wo auch ein Stopp zum Schnorcheln eingelegt wird. Die Touren beginnen tgl. um 10, 12.30 und 17 Uhr. Wer lieber ohne Guide aufbrechen möchte, kann auch ein Zweier-Kanu für 15 € pro Std. oder für 55 € pro Tag mieten. ■ C/ del Puerto 49, San José, Tel. 609/64 47 22, www.happykayak.com, in den Sommermonaten 9–22 Uhr

24 Mojácar

Verwinkeltes weißes Dorf mit Charme und tollen Stränden

Information

■ OIT, C/ Alcalde Jacinto 6, ES-04638, Tel. 950/61 50 25, www.mojacar.es, im Sommer Mo–Fr 10–14, 16.30–19.30, Sa 9.15–14, 16.30–19.30, So 10–14 Uhr

Auf einer Anhöhe ganz in der Nähe von einigen herrlichen Stränden liegt das bezaubernde weiße Dorf Mojácar mit seinen vielen Bewohnern aus dem Ausland. Besonders zur Hauptsaison füllt sich der Ort und versprüht ein noch internationaleres Flair als im restlichen Jahr. Urlauber, darunter zahlreiche Familien mit Kindern, aber auch Studenten und Jugendliche, beleben dann den Ortskern und die Strände wie die Playa del Puerto Rey bei Vera. An Marktständen wird jede Menge Kunsthandwerk, Schmuck und allerlei Nippes zum Kauf angeboten.

Kneipen, Bars und Clubs

Lua Mojácar Restaurant & Beach Club Gekonnt gemixte Cocktails und regionale Küche bietet dieser schicke Strandclub. Zudem organisiert der Lua-Club im Sommer Konzerte von berühmten Flamenco-Künstlern. ■ Mojacar Playa, Paseo del Mediterráneo 30, Tel. 950/47 26 43 und 607/83 00 50, www.luamojacar.com, in der Saison tgl. 12–24 Uhr und länger

25 Orce

Eine Wiege der Menschheit Europas inmitten der Sierra de Huetor

Information

■ OIT, Im Palacio de Los Segura, C/ Tiendas 18, ES-18858, Tel. 958/74 61 71, www.orce.es, Di–Do 11–14, Fr 17–20, Sa 11–14, 17–19, So 11–14 Uhr

Internationale Berühmtheit erlangte das einladende Dörfchen Orce in der Sierra de Huetor Ende des vergangenen Jahrhunderts. Fossile Hominidenfunde sorgten damals in der Fachwelt der Archäologie für Furore und Streitigkeiten. Aber auch die »Festung der Sieben Türme«, die heute das Gemeindemuseum des Ortes beherbergt, ist durchaus sehenswert. Zudem ist Orce bekannt für seine Landgastronomie, v.a. für den leckeren Braten der hier gezüchteten Lämmer.

Orce

Die traumhaften Strände von Mojácar erstrecken sich über eine Länge von 17 km

 Sehenswert

Centro de Interpretación Primeros Pobladores de Europa Josep Gibert
| Museum |

Als 1982 der Paläontologe Josep Gibert bei Venta Micena unweit von Orce auf fossile Überreste frühester menschlicher Besiedlung stieß, sorgte er damit für eine Sensation und für jede Menge Gesprächsstoff in der Forschergemeinschaft. Ein Schädelfragment, das von Gibert einem unserer Vorfahren zugeordnet wurde, der sogenannte »Mann von Orce«, wurde zunächst auf ein Alter von 1,8 Mio. Jahre geschätzt. Spätere Studien datierten den Fund auf zwischen 0,9 bis 1,3 Mio. Jahre. 2002 stießen Forscher bei Ausgrabungen auf das Fossil eines Milchzahns des »Kindes von Orce«, den man auf 1,4 Mio. Jahre datierte. Damit war klar: Europa wurde bereits wesentlich früher besiedelt, als die Fachwelt vor diesem Fund angenommen hatte. Einen Einblick in die Urgeschichte und die außergewöhnlichen Funde um Orce gibt das paläontologische Museum, das dem Entdecker gewidmet ist.

■ Camino de San Simón s/n, Tel. 958/74 61 71, Mo geschl. (außer im Aug.), Di–Do, So, 11–14, Fr 17–20, Sa 11–14, 17–19 Uhr, Eintritt frei

Alcazaba de las Siete Torres
| Festung |

Orce wird von dieser Festungsanlage aus dem 11. Jh. überragt. Der 30 m hohe Torre del Homenaje, der die Plaza de La Iglesia dominiert, wurde von den kastilischen Herrschern im 16. Jh. wiedererrichtet, nachdem er durch Erdbeben schwer beschädigt worden war. Vom Turm bietet sich ein beeindruckender Ausblick über die umliegende Landschaft. Im August finden Nachtkonzerte im Innenhof statt.

■ C/ Castillo 1, Tel. 958/74 61 71, Juli, Aug., Sept. Di–Sa 10–14, 17–21, So 10–14, sonst 10–14, 16–18 Uhr, Eintritt frei

Granada, die Alpujarras und Almería

Übernachten

In Granada gibt es eine große Auswahl an Unterkünften in allen Preisklassen – von bescheidenen, aber sauberen Pensionen und Hostels bis zu den modernen Häusern großer Ketten. Eine waschechte Tausendundeine-Nacht-Erfahrung bietet sich bei einer Übernachtung in einem stilecht renovierten arabischen oder Mudéjar-Palacio, wo man wie ein Sultan residieren kann. Von relativ günstigen Unterkünften bis ins Luxussegment hinein reicht das Angebot im Hinterland. Dazu zählen u.a. reizvolle Landhotels und Casas Rurales.

Alhama de Granada 58

€€ | **Balneario de Alhama** Entspannung pur bietet das Thermenhotel am Stadtrand des historischen Ortes Alhama de Granada, der zugleich Tor zum Wanderparadies der Sierra de Alhama ist. ■ Ctra. del Balneario s/n, ES-18120, Tel. 958/35 00 11, www.balneario alhamadegranada.com

Granada 62

€€ | **Apartamentos Muralla Ziri** Zentrale Apartments im unteren Albaicín, mit geschmackvoll-arabischer Einrichtung und kleinen, wunderschönen Dachterrassen mit Alhambra-Blick. ■ C/ San Juan de los Reyes 7, ES-18010, Tel. 958/04 98 51, www.apar tamentosturisticosmurallaziri.com

€€ | **Hotel Marquis Urban** Gepflegtes Design-Hotel mit toller Dachterrassen-Bar. Auch die weiteren zwei Hotels der Maquis-Gruppe sind empfehlenswert, sei es das Apart-Hotel »Portago« oder das mit einem Spa-Hammam ausgestattete »Issabels«. ■ Plaza Fortuny 6, ES-18009, Tel. 958/22 33 05, www.marquis-urban.com

€€ | **Palacio de Santa Ines** In einem alten, typischen Herrenhaus aus dem

ADAC *Das besondere Hotel*

In einem liebevoll renovierten Landgut aus dem 16. Jh. unweit von Granada bietet das Landhotel **Cortijo del Marqués** stilvoll eingerichtete Zimmer, z. B. im romantischen Turm oder in der alten Olivenmühle. Die Küchenchefs servieren feinste Saisonküche. Die österreichisch-holländischen Besitzer sind herzlich und kinderfreundlich. Pool mit herrlichem Blick.
€€ | *Camino del Marqués s/n, 18220 Albolote, Tel. 958/34 00 77, www.cortijo delmarques.com*

16. Jh. am Fuße des Albaicín an der Carrera del Darro liegt dieses charmante Hotel. Aus einigen der Zimmer eröffnet sich ein Blick auf die Alhambra. Für Familien lohnt sich die Familiensuite. ■ Cuesta de Santa Inés 9, ES-18010, Tel. 958/22 23 62, www.palaciosantaines.es

€€€ | **Gar-Anat Hotel Boutique** Das mittelalterliche Hospital de Peregrinos aus dem 17. Jh. im zentralen Stadtteil Realejo wurde von Stararchitekt Carlos Sánchez in zweijähriger Arbeit von Grund auf saniert und 2008 neu als Hotel eröffnet. Es gleicht einem Palacio, verfügt über hübsche Patios und bietet neben komfortablen, stilecht eingerichteten Zimmern ein tolles Gourmet-Frühstück. ■ Placeta de Peregrinos 1, ES-18009 Tel. 958/22 55 28, www.hotelgaranat.com

Guadix 72

€ | **Casa Bella Tipis** Am Fuße der Sierra Nevada, in der Sierra de Baza, knapp 70 km östlich von Granada liegt dieses etwas andere Themenhotel. Gäste können hier »Glamping« (Glamour-Camping) betreiben. Dazu zählt auch die Möglichkeit, in typischen Tipi-Zelten mit 7 m Durchmesser zu nächtigen, in komfortablen Betten versteht sich, und inklusive Kochbereich und Duschen. ■ Av. de los Baños, ES-18811 Zújar, Tel. 958/06 39 05, www.casabellateepees.com

(15) €€ | **Cuevas Hammam Abuelo José** Wer Guadix und seine Casas Cueva besichtigt, kann in diesem besonderen Hotel auch gleich in einer Höhlenwohnung nächtigen und das Erlebnis mit einem Besuch der angeschlossenen arabischen Bäder verbinden. Gäste genießen im Hammam die heißen und kalten Becken und typischen maurischen Pfefferminztee. Die Bäder können auch von Tagesgästen nach telefonischer Reservierung besucht werden. ■ bei Guadix, ES-18500 El Bejarín, Tel. 958/06 60 88, www.cuevasabuelojose.com, 2 Std. Aufenthalt im Hammam: Sa, So und Feiertage 11, 16, 18, 20, Mo-Fr 16, 18, 20 Uhr, 17 € nur Baden, 25 € Bad und 15 Min. Massage

Níjar und der
Cabo de Gata 76

€€ | **Cortijo el Campillo** Abseits des sommerlichen Trubels an den Hotspots des Cabo de Gata, aber nur 20 Minuten von den Traumstränden in San José oder dem Playazo von Rodalquilar entfernt liegt dieses bezaubernde, von einer freundlichen Familie geführte Landhotel inmitten der Wüstenlandschaft des Naturparks. Die Doppelzimmer bieten eigene Terrasse oder Patio. Kinderfreundlich, auch Haustiere sind erlaubt. ■ El Campillo de Doña Francisca, Albaricoques, Tel. 950/52 57 79, 650/37 04 16, www.elcampillo.info

€€–€€€ | **Hotel Los Patios** In Rodalquilar inmitten des Naturparks und nur einen Steinwurf vom Traumstrand El Playazo entfernt liegt dieses familienfreundliche Hotel. Ökologische Nachhaltigkeit ist hier die Prämisse: Nicht nur die exzellente Küche des Restaurants setzt auf regionale Bioprodukte, beim Bau wurden nur ökologische Baustoffe genutzt, solarthermische Energie sorgt für Warmwasser und das Abwasser wird vor Ort selbst vorgeklärt. Alle Zimmer haben eine eigene Terrasse. ■ Camino del Playazo s/n, ES-04115 Rodalquilar, Tel. 950/52 51 37, www.lospatioshotel.es

Córdoba und das grüne Andalusien

Monumentale Prachtbauten am Hofe des Kalifen, uneinnehmbare Burgen und atemberaubende Naturjuwele

In Córdoba erlebte das gleichnamige Kalifat im Mittelalter seine Blütezeit, wovon noch heute die überwältigende Mezquita-Kathedrale und die nahen Ruinen der Palaststadt Medina Azahara eindrucksvoll Zeugnis ablegen. Während die drittgrößte Stadt Andalusiens mit ihren Baudenkmälern die Besuchermassen anlockt, zieht es Natur- und Kulturliebhaber, die es etwas ruhiger mögen, in das bergige Hinterland der Provinz Jaén, das mit Renaissance-Architekturschätzen und endlos vielen Festungen aufwartet. So beeindrucken die beiden Welterbe-Schwesterstädte Úbeda und Baeza, die ihre Hochzeit erst nach der christlichen Rückeroberung erlebten, mit prachtvollen Renaissance-Ensembles. Die artenreichen Schutzgebiete Sierra Morena sowie die Sierras de Cazorla, Segura y Las Villas – mit 214 300 ha das größte Naturschutzgebiet Spaniens und das zweitgrößte Europas –, sind für Wanderer und Naturliebhaber ein absolutes Muss.

In diesem Kapitel:

- **26** La Iruela und die Sierra de Cazorla 84
- **27** Úbeda und Baeza 85
- **28** Baños de la Encina 87
- **29** Jaén 88
- **30** Alcaudete 90
- **31** Alcalá la Real 90
- **32** Priego de Córdoba 91
- **33** Zuheros 92
- **34** Medina Azahara 93
- **35** Córdoba 94
- **36** Almodóvar del Río 100
- **37** Palma del Río 100
- Übernachten 102

ADAC Top Tipps:

7 **Úbeda und Baeza**
| Stadtbild |
Die beiden Schwesterstädte mit ihren historischen Stadtkernen entführen Besucher in die Zeit der Renaissance. Streifzüge über Kopfsteinpflaster führen zu einzigartigen Architekturensembles. 85

8 **Mezquita-Catedral de Córdoba**
| Kathedrale |
Über 1000 Jahre andalusische Geschichte zum Anfassen: Die einstige Hauptmoschee des Kalifats wurde

nach der Reconquista, der Rückeroberung des muslimischen Herrschaftsbereichs »al-Andalus«, zur Kathedrale geweiht. Das Weltkulturerbe der UNSECO zählt zu den größten und schönsten Sakralbauten der Welt. Es vereint die unterschiedlichsten Stilelemente aus dem Islam und der christlichen Kultur. 95

ADAC Empfehlungen:

Parque Natural de las Sierras de Cazorla
| Naturpark |
Andalusien ganz anders: Wälder, kühle Bäche und grünes Bergland. 84

Restaurante Almocaden, Alcaudete
| Restaurant |
Wöchentlich variierende Spitzengastronomie zu fairen Preisen. 90

Centro Flamenco Fosforito, Córdoba
| Museum |
Das Flamenco-Museum begeistert mit andalusischer Tradition. 99

Hotel Las Casas de la Judería de Córdoba
| Hotel |
Traumhotel in einem Palacio im schönsten Stadtteil Córdobas. 103

26 La Iruela und die Sierra de Cazorla

Ein Bergdorf am Rand des größten Naturparks in Andalusien

Information

■ OIT, Centro de Visitantes de la Torre del Vinagre, Ctra. del Tranco A-319 bei Km 48,8, ES-23478, Tel. 953/71 30 17, www.sierrasdecazorlaseguraylasvillas.es, März–Juni, Mitte Sept.–Nov. tgl. 10–14, 16–19, Juli–Mitte Sept. tgl. 10–14, 17–20, Nov.–Feb. Di–So 10–14, 16–18 Uhr

Unter dem schroffen Berggipfel des über 1700 m hohen Calarilla und im Schatten einer maurischen Festung gelegen, bildet das pittoreske Dorf das Tor zum Naturpark Sierra de Cazorla. Es lohnt sich, durch seine engen Gässchen zu spazieren und die alte Festung zu erklimmen. Über die Carretera JH-7156 kommt man zum Aussichtspunkt Mirador Tapadero mit herrlichem Panoramablick über die Berge.

Sehenswert

Parque Natural de las Sierras de Cazorla, Segura y Las Villas
| Naturpark |

 Das immergrüne Schutzgebiet ist ein Refugium für bedrohte Tiere

Diese traumhafte, spärlich besiedelte Bergregion ist seit 1983 ein UNESCO-Biosphärenreservat und mit mehr als 214 000 ha das zweitgrößte Naturschutzgebiet Europas. Zahllose Wanderrouten führen an Gebirgsbächen entlang zu Wasserfällen, und im Sommer und Herbst laden die zahlreichen natürlichen Schwimmbecken zur Ab-

Wanderwege durchziehen die engen Schluchten der Sierra de Cazorla

27 Úbeda und Baeza

 Das Renaissance-Ensemble ist ein Muss für jeden Kulturinteressierten

Information

■ OIT Úbeda, an der Plaza de Andalucía 5, ES-23400, Tel. 953/75 01 38, und in der C/ Baja del Marqués s/n, www.turismodeubeda.com, Mo–Fr 9–19.30, Sa 9.30–15, 17–19.30, So, Feiertage 9.30–15 Uhr
■ OIT Baeza, an der Plaza del Pópulo s/n, ES-23440, Tel. 953/77 99 82, www.turismo.baeza.net, Mo–Fr 9–19.30, Sa, So, Feiertage 9.30–15 Uhr

Mitten in der Provinz Jaén entfachte sich im 16. und 17. Jh. eine rege Bautätigkeit, inspiriert von der italienischen Renaissance. Die beiden wichtigsten Architekten jener Ära, Andrés de Vandelvira und Diego de Siloé, hinterließen hier deutliche Spuren. Ihr Einfluss erreichte mit der Ausbreitung der Kolonialherrschaft später die wichtigsten Städte Lateinamerikas, wo die Kathedralen große Ähnlichkeit mit den Gotteshäusern von Úbeda und ihrer Nachbarstadt Baeza aufweisen. Seit 2003 sind die beiden Orte, die der spanische Lyriker Antonio Machado einst als »Königin« (Úbeda) und »Dame« (Baeza) bezeichnete, gemeinsam als Weltkulturerbe gelistet. Der plateresker Stil, typisch für die spanische Renaissance, wurde hier perfektioniert.

Sehenswert

Plaza de Vázquez de Molina, Úbeda

| Platz |

An diesem zentralen Platz erstrahlt das immense Kulturerbe der Renaissance

Kühlung ein

kühlung ein. Wanderer finden hier Routen in allen Schwierigkeitsgraden vor. Zudem verfügt die Region über eine ausgesprochen gute Infrastruktur mit Restaurants, Land- und Spa-Hotels aber auch Campingplätzen.

Kinder

Centro de Fauna Silvestre Collado del Almendral In diesem über 100 ha großen Tierreservat inmitten des Naturparks kann man Füchse, Hirsche, und zahlreiche Vogelarten, darunter auch Steinadler, beobachten, während man in einem Besucherzug knapp 45 Minuten durch die Anlage gefahren wird. Es gibt kurze Spaziergänge zu Aussichtspunkten und einen botanischen Garten. ■ Crta. del Tranco bei Km 60, Tel. 953/82 52 67, www.parquecinegeticocolladodelalmendral.com, tgl. 10–17 Uhr, Eintritt 9 €, erm. 7 €

Wandern

Nacimiento del Borosa Für die beliebte Wanderung entlang des Rio Borosa zu den Lagunen Aguas Negras und Valdeazores ist etwas Ausdauer gefragt. Es gilt 22 km (hin und zurück) zu bewältigen. Mehr oder weniger trainierte Wanderer schaffen diese in ca. 7 Std. Die meisten legen jedoch nicht die volle Strecke zurück, ein paar Kilometer geben schon einen Eindruck von der Schönheit der Sierra Cazorla. Entlang des Flusses passiert man nicht nur Wasserfälle, sondern auch zahlreiche, türkisblaue natürliche Pools.
Vom Centro de Visitantes de la Torre del Vinagre folgt man dem ausgeschilderten Weg zur Piscofactoría, einer Forellenzucht am Rio Borosa, wo man auch parken kann.

Übeda und Baeza

Im Blickpunkt

Ruta de Castillos y Batallas

Die Provinz Jaén war einer der Hauptschauplätze der »Reconquista«, wie die christlichen Heere die Rückeroberung des arabischen »al-Andalus« bis 1492 nannten. Ein Wendepunkt der Auseinandersetzungen war die legendäre Schlacht bei Navas de Tolosa am 16. Juli 1212 in der Nähe des heutigen La Carolina, die die christlichen Truppen, ein Bund aus Kastilien, Aragón, Portugal, Navarra und Freiwilligen aus Frankreich, für sich entscheiden konnten. Von Belagerungen und Schlachten zeugen Festungen und Museen, aber auch Ruinen und »Atalayas« (Wachtürme) auf fast jedem Hügel und in nahezu jeder Ortschaft. Die »Route der Schlachten und Burgen« führt zu den historisch wichtigsten Orten und Befestigungsanlagen. Ausgangspunkt ist Jaéns Castillo de Santa Catalina. Gut erhaltene Burgen finden sich auch in Baños de la Encina, Arjonilla, Arjona oder in Porcuna. Die letzte große Schlacht der Region wurde 1808 im Spanischen Unabhängigkeitskrieg gegen Napoleon bei Bailén geschlagen. Diese wird alljährlich originalgetreu nachgestellt.
http://castillosybatallas.com

von Úbeda an allen Ecken. So findet sich an seinem östlichen Ende die Sacra Capilla del Salvador, die Erlöserkapelle von Andrés de Vandelvira und Diego de Siloé, an der Westseite die Basilika Santa María de los Reales Alcázares sowie der ebenso sehenswerte Palacio del Marquis de Mancera im Süden. Im Palacio del Deán Ortega fand bereits 1928 das luxuriöse Parador-Hotel eine museumsgleiche Bleibe. Hineingehen lohnt sich allemal – und sei es nur für einen Kaffee. Der zentrale Palacio Juan Vázquez de Molina beherbergt nicht nur das Rathaus, sondern auch das Centro de Interpretación Andrés de Vandelvira, das sich dem Leben und Werk des aus Úbeda gebürtigen Architekten widmet. Weiter nördlich eröffnet sich die Plaza del Ayuntamiento mit dem ebenso sehenswerten Palacio Vela de los Cobos, der mittlerweile ein Hotel beherbergt.

■ Centro Andrés de Vandelvira, Mi–So 10–14, 17–19.30 Uhr, Eintritt frei

Sinagoga del Agua, Úbeda
| Synagoge |

Die alte Synagoge von Úbeda in einem Kellergewölbe diente im frühen Mittelalter der verfolgten jüdischen Bevölkerung als Rückzugsort. Sie war über Jahrhunderte verschüttet und vergessen. Erst beim Bau eines Wohnhauses stieß man zufällig auf die Reste aus dem 14. Jh. und begann 2007 mit den Ausgrabungen.

■ Úbeda, C/ Roque Rojas, Ecke C/ Las Parras, Tel. 953/75 81 50, Eintritt 4,50 €, erm. 3 €, Führungen tgl. alle 45 Min. 10.30–19 Uhr

Plaza del Pópulo, Baeza
| Platz |

Zahlreiche Baudenkmäler, im Stil der isabellinischen Gotik und v.a. der spanischen Renaissance, gruppieren sich rund um die Plaza del Pópulo in Baeza. Dazu zählen eine Reihe von öffentlichen und zivilen Gebäuden wie der Palacio de Jabalquinto mit seiner

Olivenplantagen prägen die Landschaft rund um Baños de la Encina

prunkvollen, plateresken Fassade, die Casa del Pópulo und die Antigua Carnicería (alte Metzgerei), die man nur von außen bewundern kann. Der Platz, wegen seines zentralen Löwenbrunnens auch Plaza de los Leones genannt, ist das Wahrzeichen Baezas.

Plaza de Santa María, Baeza
| Platz |

Neben dem Brunnen Fuente de Santa María, der dem hübschen, stets belebten Platz seinen Namen gab, liegen die Casa Consistoriales Altas, wo bis ins 18. Jh. der Rat der Adligen tagte, sowie die über der alten Hauptmoschee errichtete Catedral de la Natividad de Nuestra Señora. Ihr Turm (mit 169 Stufen) eröffnet ein herrliches Panorama.
■ Kathedrale tgl. 10.30–13, 16–18 Uhr, Eintritt 4 €

 Verkehrsmittel

Busse verbinden die beiden Städte (8 km, Start am jeweiligen Busbahnhof) von 6.30 bis 23.45 Uhr im Stunden- bzw. Halbstundentakt. Einfache Fahrt 1,16 €, Hin- und Rückfahrt 2,32 €.

 Restaurants

€–€€ | **La Clave** Moderne Gastro-Bar, die in die Gastro-Szene von Baeza frischen Wind bringt. Kreative, mit Kopf und Herz zubereitete Tapas, etwas außerhalb des Zentrums (10 Min. Fußweg von der Plaza de España). ■ Baeza, Av. Puche Pardo 9, Tel. 695/51 33 94, Di–Sa 8.30–17, 20–24, So 9.30–17 Uhr

28 Baños de la Encina

Die Pforte zum Bergland der Sierra Morena – ein Paradies für Wanderer

 Information

■ OIT, Av. José Luis Messía 2, ES-23711, Tel. 953/61 33 38, www.bdelaencina.com, Fr, Sa, So 10.30–13.30, 16.30–18.30, Mo, Mi, Do 10.30–13.30 Uhr

28 Baños de la Encina

Das malerische Dorf unterhalb einer imposanten Festung liegt an den Ausläufern der immergrünen Sierra Morena, die sich von Despeñaperros nach Kastilien-La-Mancha und bis in die westandalusische Sierra de Aracena in Huelva ausbreitet. Während die Alcazaba, ein beeindruckendes Bollwerk aus dem 10. Jh., die lokale Sehenswürdigkeit ist, bietet sich das Örtchen selbst als Ausgangspunkt für reizvolle Wanderungen in die umliegende Berglandschaft an.

Im Blickpunkt

Andalusiens grünes Gold

Spanien ist weltgrößter Olivenölproduzent, und die Provinz Jaén gilt als die »Olivenkammer« des Landes. Die schier endlosen Olivenhaine in dieser Region gelten als der größte von Menschenhand gepflanzte Wald der Welt. Eine große Sortenvielfalt, von der herberen Picual bis zur fruchtig-süßen Arbequina, sorgt bei richtiger Mischung und kalt gepresster Verarbeitung (»Virgen Extra«) für den unverwechselbaren Geschmack des »grünen Goldes«. Aber auch ungepresst und eingelegt gelten etwa die dicken Gordal, die knallgrünen Cornezuelo (die an kleine Croissants erinnern) oder die kleinen Manzanillas als Köstlichkeiten. Besonders fein im Geschmack ist die Variante Loaime, schwarz und leicht getrocknet, ein Erbe der Mauren und typisch für die Region um Granada. Zu Öl gepresst, zählt sie zum Besten, was die Früchte des Olivenbaums hergeben.

 Sehenswert

Castillo de Burgalimar
| Festung |

Die arabische Burganlage, mit deren Bau bereits unter dem zweiten Kalifen von Córdoba Al-Hakam II. 968 n. Chr. begonnen wurde, gilt heute als eine der ältesten und besterhaltenen maurischen Festungen Spaniens. Die strategisch wichtige Lage auf dem Weg nach Córdoba an der Route durch die nur spärlich besiedelte Sierra Morena war Anlass, die Alcazaba mit ihren mächtigen Mauern und Türmen zu errichten. Sie wechselte mehrere Male von arabischer in christliche Hand, begleitet von harten kriegerischen Auseinandersetzungen. 1225 wurde sie unter Ferdinando III. endgültig für Kastiliens Krone erobert.

■ Cerro del Cueto, Plaza de Santa María 1, Besichtigung nur nach Voranmeldung bei der Touristeninformation, Mo, Mi, Do 11.15–12, 12.45–13.30, Fr 11.15–12, 12.45–13.30, 19.15–20, Sa, So 10.30–13.30, 16.30–19.30 Uhr, Eintritt 3 €, erm. 1,50 €

29 Jaén

Unter Andalusien-Reisenden noch immer ein Geheimtipp

 Information

■ OIT, C/ Maestra 8, ES-23002, Tel. 953/19 04 55, www.turjaen.org, Mo–Fr 9–19.30, Sa 10–19, So 10–15 Uhr

In Jaén geht es entweder bergauf oder bergab. Denn die Provinzhauptstadt erstreckt sich teilweise über einen kräftezehrenden Hang unter der Festung Santa Catalina. Zu den Besonderheiten von Jaén zählen eine pracht-

Jaén

Aussicht über Jaén und seine Umgebung vom Castillo de Santa Catalina

volle Renaissance-Kathedrale, alte arabische Bäder – und Gratis-Tapas zur Getränkebestellung wie in Granada.

Sehenswert

Catedral de la Asunción
| Kirche |

Nach der christlichen Rückeroberung Jaéns im Jahr 1246 plante man anstelle der alten Moschee eine gotische Kathedrale, deren Bau aber nur zögerlich voranschritt. Erst unter der Ägide des aus Jaén gebürtigen Architekten Andrés de Vandelvira machte der Ausbau im 16. Jh. Fortschritte. Sie gilt heute als einer der wichtigsten Sakralbauten der Renaissance in Spanien. Aktuell steht die Kathedrale auf der Liste der Welterbe-Anwärter, nicht zuletzt weil sie vielen Gotteshäusern in Lateinamerika als Vorbild diente.

■ Plaza de Santa María s/n, www.catedraldejaen.org, Juli, Aug., Sept. Mo–Sa 8.30–14, 17–20, So 8.30–14 Uhr, sonst siehe Website

Baños Árabes
| Ruinen |

Die arabischen Bäder, die auf das Jahr 1002 datiert werden, umfassen knapp 450 m² und gelten als die größten und besterhaltenen ihrer Art in Andalusien. Sie befinden sich im Keller des Palacio de los Condes de Villardompardo. Er wurde im 16. Jh. über den Bädern errichtet, wobei man diese als Fundament zuschütten ließ – ein Umstand, der zu ihrem heutigen exzellenten Erhaltungszustand beigetragen hat.

■ Plaza Sta. Luisa de Marillac s/n, im Palacio, Di–Sa 9–22, So 9–15 Uhr, Eintritt frei

Parken

Das **Parkhaus** liegt zentral an der Plaza de la Constitución (1,50 € pro Std., 15,75 € pro Tag).

Jaén

Restaurants

€€ | **Taberna El Zurito** Diese kleine typische Taverne mit exquisiter Küche und einem Top-Chef hat leider nur wenige Tische. Reservierung ist daher mehr als empfohlen. Aber man wartet gerne auf einen Platz bei einer Caña Bier, zu der es gratis Tapashappen gibt. Dafür warten im Anschluss wunderbare Reisgerichte. ■ C/ Rastro 1, Tel. 605/98 80 16, Mo–Sa 9–15 und 20–1 Uhr

30 Alcaudete

»Stadt der Quellen« und des Calatrava-Ordens während der Reconquista

Information

■ OIT, Callejón Escalerillas 4, ES-23660, bei der Festung und an der Plaza de Santa María s/n, Tel. 953/56 09 51, Di–Fr 9.30–13.30, 16–18, Sa, So 10–13.30 Uhr

Das ehemals arabische Hisn Al-Qabdaq (Stadt der Quellen) und heutige Alcaudete war wie auch Alcalá la Real ein strategisch wichtiger und daher stark befestigter Ort, insbesondere gegen Ende der Reconquista in der zweiten Hälfte des 15. Jh. Bis heute zeigt die Stadt ihren mittelalterlichen Charakter, v.a zu den alljährlichen Fiestas des Calatrava-Ordens.

Sehenswert

Castillo de Alcaudete
| Festung |
Es zählt zu den am besten erhaltenen Castillos in Jaén, obwohl es Schauplatz zahlloser Kämpfe war, besonders in der Phase ab 1085. In jenem Jahr wurde es erstmals von Alfonso VI. von León erobert, fiel jedoch im Anschluss mehrmals wieder in die Hände der Mauren. Erst 1340 ging es endgültig in den christlichen Herrschaftsbereich über. Der damals mächtige Calatrava-Orden, berühmt für seine eiserne Verteidigung des Christentums und seine Kriegermönche, erhielt die Festung als Geschenk für seine Verdienste bei der Rückeroberung, aber auch zur Grenzsicherung. Im Inneren der Burg befindet sich das Centro de Interpretación de la Orden de Calatrava. Es gibt einen Überblick über Bedeutung, Struktur und Handel des Ordens.

■ C/ las Torres 10, Einlass nur im Rahmen einer Führung, Okt.–Mai Fr 10.30, 11–13, 16, Sa, So 10, 11–13, Juni–Sept. Di–Fr 10, 11–13, 18.30–20.30, Sa, So 10.30, 11.30–13 Uhr, Eintritt 4 €, erm. 3 €

Restaurants

 €€ | **Restaurante Almocaden** Hier wird kreative Spitzengastronomie zu erschwinglichen Preisen geboten. Wöchentlich und je nachdem, was der Garten des Küchenchefs gerade hergibt. Wechselnde, originelle Degustations-Menüs und großartige Tapas. Tagesmenü-Preise rangieren um die 10 € pro Person. ■ Car. Fuensanta 38, Tel. 953/56 05 55, www.almocaden.com, Mo, Do, Fr, Sa, So 13–17, 20.30–0.30, Di 13–17 Uhr

31 Alcalá la Real

Wehrhaftes Bollwerk aus konfliktreichen Epochen mit andalusischer Lebensart

Information

■ OIT, im Palacio Abacial, C/ Carrera de las Mercedes s/n, ES-23680, Tel. 953/

58 20 77, http://turismodealcalalareal.com, Mo–Fr 10–17.30, Sa, So bis 18 Uhr

Das über Jahrhunderte strategisch enorm wichtige Alcalá la Real liegt heute an der Grenze der drei andalusischen Provinzen Jaén, Granada und Córdoba. Die von einer weithin sichtbaren Festung überragte Kleinstadt diente ab dem 12. Jh. als Grenzbollwerk, erst den arabischen Almohaden und seit der erfolgreichen Belagerung 1341 den christlichen Heeren, die das Königreich Kastilien vor dem Emirat Granada schützten. Doch nicht nur in längst vergangene Epochen tauchen Besucher Alcalás ein. Der überwiegend im 18. Jh. errichtete Stadtkern lädt zu Spaziergängen durch hübsche Gassen und zur Rast in lokaltypische Restaurants ein. Ein Klassiker der Gastronomie aus der Provinz Jaén wurde hier erfunden, der Hühnereintopf »Pollo al secretario« (Sekretärshuhn).

 Sehenswert

Fortaleza de La Mota
| Festung |
Die für die Herrschaftsperiode der Nasriden Granadas typische monumentale Stadtburg aus dem 13. Jh. thront wie ein Bollwerk auf dem Gipfel des Cerro de La Mota auf 1029 m Seehöhe. Neben der Alcazaba und dem Festungsteil, dem Alcázar, umfasst sie auch die Altstadt (Medina). Hingucker der Anlage sind u.a. die wuchtige Torre de Homenaje und die Puerta de la Imagen, die mit ihrem doppelten Hufeisenbogen der Puerta de la Justicia der Alhambra durchaus ähnelt. Im Zuge der Reconquista wurde Alcalá la Real 1341 nach monatelanger Belagerung von Alfonso XI., »dem Rächer«, erobert. Das Centro de Interpretación de la Vida en Frontera in den Kellergewölben der Festung beleuchtet anschaulich den Alltag im frühen Mittelalter an der Grenze zweier Kulturräume.
■ April–14. Okt. tgl. 10.30–19.30, 15. Okt.–März Mo–Fr 10–17.30, Sa, So 10–18 Uhr, Eintritt 6 €, erm. 3 €

 Restaurants

€–€€ | **Rincón de Pepe** Traditionelle, familienfreundliche Tapasbar im Stil einer Taverne mit kleiner Terrasse. Bereits seit 1979 gibt es hier hausgemachte Klassiker aus der Provinz Jaén, z.B. das berühmte lokale Hühnereintopfgericht »Pollo al Secretario«, aber auch moderne Tapas-Kreationen. ■ C/ Fernando El Católico 17, Tel. 699/24 96 59, Do–Di 13–16, 20–24 Uhr

32 Priego de Córdoba

In der »Stadt des Wassers« sprudeln zahlreiche Quellen und Brunnen

 Information

■ OIT, Plaza de la Constitución 3, ES-14800, Tel. 957/70 06 25, http://turismodepriego.com, tgl. 10–14, 16.30–18.30 Uhr, weitere Niederlassungen an der Plaza Tendillas und im Bahnhof 9–14, 16.30–19 Uhr

ADAC *Spartipp*

Mit dem Ticket **Bono Turístico**, erhältlich in der Touristeninformation und bei den Sehenswürdigkeiten, erhält man für 5 € Eintritt in die wichtigsten Sehenswürdigkeiten und Museen von Priego. Der Familienpass für 12 € gilt für zwei Erwachsene plus Kinder.

32 Priego de Córdoba

Barocke Wasserspiele: die Fuente del Rey in Priego de Córdoba

Im äußersten Südosten der Provinz Córdoba, umgeben von schier endlosen Olivenhainen in den Ausläufern der Sierras Subbéticas, liegt das Städtchen Priego mit knapp 22 000 Einwohnern. Die Stadt unter der Silhouette des Pico de la Tiñosa (1569 m) war schon zu Zeiten des Römischen Imperiums von großer landwirtschaftlicher Bedeutung. Mit seinen engen weißen Gassen und blumengeschmückten Fenstersimsen und Balkonen ähnelt der Barrio de la Villa dem Albaicín Granadas oder der Judería Córdobas.

Sehenswert

Fuente del Rey
| Brunnen |

Wasser ist omnipräsent in Priego, und der »Königsbrunnen« ist das Highlight der hiesigen Wasserspiele. Es sprudelt hier aus insgesamt 139 Öffnungen, die größtenteils von fantastisch anmutenden Marmorgesichtern umrahmt und teilweise mythologisch inspiriert sind. Der Bau des über drei Staubecken verlaufenden Brunnens im barocken und neoklassizistischen Stil wurde bereits im 15. Jh. begonnen, aber erst 1803 fertiggestellt. Im Zentrum thront eine Neptunstatue von Remigio del Mármol. Ganz in der Nähe, im selben Parkareal, liegt die Fuente de la Salud aus dem 16. Jh. von Francisco del Castillo.

33 Zuheros

Idealer Ausgangspunkt für Wanderungen in den Sierras Subbéticas

Information

■ OIT, Plaza de la Paz 2, ES-14870, Tel. 957/69 45 45, Info und Anmeldung für die Cueva de los Murciélagos nur per Tel. (Di–Fr 10–13.30 Uhr)

Ziemlich genau in der geografischen Mitte Andalusiens liegt das kleine

Dörfchen Zuheros malerisch auf einem felsigen Hügel, umgeben von schier endlosen Olivenhainen im darunter liegenden Tal. Überragt wird der Ort von einer kleinen, aber wehrhaften Ruine aus der arabischen Ära, die es zu erklimmen lohnt – nicht nur wegen der erhaltenen Bausubstanz, sondern auch wegen des Ausblicks.

 Sehenswert

Cueva de los Murciélagos
| Höhlen |

Vier Kilometer außerhalb von Zuheros liegt dieses eindrucksvolle Höhlensystem, benannt nach den hier lebenden Fledermäusen. In den Gewölben lebten bereits seit der Mittelsteinzeit auch Menschen, die sich mit einigen sehenswerten Höhlenmalereien verewigten. Auch im Sommer sollte man für die Besichtigung (mit maximal 30 Personen) auf jeden Fall etwas Langärmliges und geschlossene Schuhe tragen. In der Höhle ist es stets empfindlich kühl.

■ Reservierung über Tel. 957/69 45 45 oder via E-Mail turismo@zuheros.es, April–Sept. Sa, So, Feiertage Einlass um 11, 12.30, 14, 17, 18.30, Di–Fr 12.30, 17.30 nur nach Voranmeldung, Okt.–März Sa, So, Feiertage 11, 12.30, 14, 16, 17.30, Di–Fr 12.30, 16.30 Uhr, Eintritt 6 €, erm. 5 €

34 Medina Azahara

Das »Versailles des Mittelalters« währte nicht einmal ein Jahrhundert

■ An der A-431, Crta. Palma del Río, bei Km 5,5, Tel. 957/10 49 33, www.medinaazahara.org, Jan.–März, 16. Sept.–Dez. Di–Sa 9–18.30, April–15. Juni Di–Sa 9–20.30, 16. Juni–15. Sept. Di–Sa 9–15.30, ganzjährig So und Feiertage 9–15.30 Uhr, Eintritt für EU-Bürger frei, sonst 1,50 €

Nur 8 km außerhalb von Córdoba liegen die Ruinen von Medina Azahara, der »strahlenden Stadt«. Mit der Gründung der Palaststadt 936 n. Chr. wollte der erste Kalif Abd ar-Rahman III. (891–961) ein Zeichen der Macht und Überlegenheit gegenüber dem christlichen Europa des Mittelalters setzen. Die Ruinen, die sich innerhalb der alten Stadtmauern über 112 ha erstrecken, geben heute einen äußerst anschaulichen Eindruck vom alltäglichen Leben der Menschen im Kalifat: Die einzelnen Wohn- und Lebensbereiche sind hierarchisch angelegt und nach gesellschaftlichem Rang terrassiert. Erhalten sind u. a. die Fassade und Hufeisenbögen des »Dar al-Yund« (Haus des Heeres), der atemberaubende mit Säulen gesäumte und originalgetreu restaurierte Palast des Kalifen (»Salón Rico«), das Haus der Wesire sowie das große Tor »Dar al-Wuzara«, das in den ehemaligen Alcázar-Palast führte. Bereits wenige Dekaden nach dem Bau markierte eine Zeit der Bürgerkriege und Instabilität, die sogenannte »Fitna de al-Ándalus«, die von 1009 bis etwa 1031 die ganze Region erschütterte, das Ende der schillernden Stadt. Die gesamte Anlage ist im Jahre 2018 zum UNESCO-Weltkulturerbe ernannt worden.

 Verkehrsmittel

Shuttle-Busse verkehren täglich aus Córdoba um 10.15 und 11 Uhr (8,50 €, erm. 4,25 €). Vom Parkplatz an der Medina fährt alle 20 Minuten ein Zubringerbus zur Medina Azahara (2,10 €, erm. 1,50 €).

35 Córdoba
Die Metropole des Kalifats bezaubert Besucher bis heute

Die Mezquita-Catedral mit der Römischen Brücke in der Abendsonne

 Information

- OIT, am Guadalquivir-Ufer neben der Puente Romano, Plaza del Triunfo s/n, ES-14003, Tel. 902/20 17 74, www.turismo decordoba.org, www.cordobaturismo.es, Mo–Fr 9–14.30, 17–19.30, Sa, So 9.30–15 Uhr

Zur Hochblüte der maurischen Herrschaft in Spanien war Córdoba nach Mekka das wichtigste Ziel muslimischer Pilger. Heute genießt in Córdoba nicht nur die weltberühmte Mezquita-Catedral Welterbestatus, sondern das gesamte historische Zentrum, und auch das berühmte Festival de los Patios zählt dazu – ein farbenfroher Wettstreit um die schönsten, in voller Blütenpracht erstrahlenden Innenhöfe. Am besten beginnt man einen Rundgang bei der alten römischen Brücke, der Puente Romano über den Guadalquivir-Fluss, wo sich auch die imposante Torre de la Calahorra erhebt. Eine andere Variante ist ein Spaziergang entlang der Stadtmauer in der Calle Cairuán mit dem Stadttor Puerta de Almodóvar, das in das einstige jüdische Viertel führt. Die »Judería« mit ihren Gässchen, Plätzen und weißen Häusern, zählt gemeinsam mit dem Albaicín Granadas zu den schönsten Stadtteilen in ganz Andalusien.

Córdoba

Plan S. 96

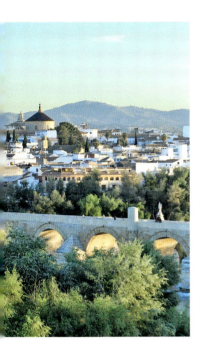

Sehenswert

❶ Mezquita-Catedral de Córdoba
| Kathedrale |

Die einstige Hauptmoschee ist heute eine prächtige Kathedrale

Im Jahr 1984 zusammen mit dem gesamten Altstadtkern zum Weltkulturerbe erklärt, ist die Mezquita-Catedral zweifelsohne eines der wichtigsten arabischen Bauwerke im Okzident. Seit dem ursprünglichen Baubeginn als Hauptmoschee des Umayyaden-Kalifats, den der erste Emir Abd ar-Rahman I. bereits 785 in Auftrag gab, wurde sie immer wieder massiv verändert und erweitert. Über eine Fläche von 23 000 m² erstreckte sich die alte Moschee, die damit zu den größten Moscheebauten weltweit zählt. Sie wurde auf den Grundmauern einer westgotischen Kirche errichtet, zuvor befand sich an jener Stelle bereits ein römischer Tempel. Besonders beeindruckend ist neben dem Mihrab und der Kuppel die Gebetshalle mit 856 Säulen aus Jaspis, Onyx, Marmor und Granit mit doppelten Hufeisenbögen, die dem Betrachter einen Eindruck der Unendlichkeit vermitteln. Eine Besonderheit des Moscheebaus ist, dass die Hauptachse nicht nach Mekka, sondern nach Südosten ausgerichtet ist.

Nach der christlichen Rückeroberung (Reconquista) sah man wohl auch aufgrund der Pracht der Moschee davon ab, sie niederzureißen, und widmete die Mezquita 1236 umgehend zu einer Kirche um. Im Inneren des Gebetssaals errichtete man eine Basilika in Form eines Kreuzes, ein Bauvorhaben, das der Habsburger Kaiser Karl V.

ADAC *Mittendrin*

Alljährlich im Mai öffnen die Bürger Córdobas beim **Festival de los Patios** ihre Innenhöfe. Denn stets in der zweiten und dritten Monatswoche messen sie sich im Wettstreit um die schönsten Patios. Bewertet wird in zwei Kategorien: modern und historisch. Seit 2012 zählt das Festival zum immateriellen Weltkulturerbe. Ein farbenfrohes Spektakel dank Abertausender blühender Topfpflanzen.

gewährte. Vom Glockenturm, der Torre Campanario, der erst 2014 nach Jahrzehnten wieder der Öffentlichkeit zugänglich gemacht wurde, bieten sich fantastische Ausblicke über die Altstadt, den Fluss Guadalquivir und das Umland. Nicht minder beeindruckend ist der Patio de los Naranjos, der Innenhof, der ein Drittel der Fläche des Komplexes einnimmt. Mit seinen Orangen- und Olivenbäumen, Zypressen und einem Brunnen, der wohl einst zur rituellen Reinigung vor dem Gebet genutzt wurde, bot er Platz für Zeremonien und spirituelle Andacht.

■ C/ del Cardenal Herrero 1, Tel. 957/ 47 05 12, www.mezquita-catedralde cordoba.es, Nov.–Feb. Mo–Sa 10–18, So 8.30–11 und 15–18 (17.30), sonst bis 19 Uhr, Eintritt 10 €, erm. 5 €, bis 10 Jahre frei, stimmungsvolle Nachtführungen 18 €, nur Glockenturm 2 €

❷ Alcázar de los Reyes Cristianos
| Palast |

Mit ihrem prachtvollen Garten wirkt die riesige rechteckige Anlage zwar arabisch, doch erbaut wurde sie von König Alfonso XI. an der Stelle eines einstigen maurischen Schlosses. Der von mächtigen Mauern geschützte und von vier Türmen bewachte Alcázar diente den Katholischen Königen bis zur Rückeroberung Granadas 1492 als Residenz, was auch ihren Namen erklärt. Acht Jahre verbrachten Isabel I. von Kastilien und Fernando II. von Aragón hier. 1486 kam auch Chris-

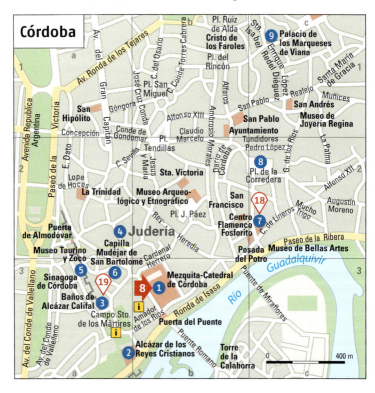

Córdoba

Leuchtende Blütenpracht in den Parkanlagen des Alcázar de los Reyes Cristianos

toph Kolumbus zu einer Audienz hierher, um finanzielle Mittel für das Vorhaben seiner »Indien-Reise« zu erbitten.

■ Plaza Campo Santo de los Mártires s/n, Tel. 957/42 01 51, www.alcazardelosreyes cristianos.cordoba.es, Juli–15. Sept. Di–Sa 8.30–15, So 8.30–14.30, 16. Sept.–Juni Di–Fr 8.30–20.45, Sa bis 16.30, So 14.30 Uhr, Eintritt 4,50 €, erm. 2,25 €, bis 13 Jahre frei

❸ Baños del Alcázar Califal
| Arabische Bäder |

Die alten arabischen »Bäder des Kalifen« entführen Besucher in eine Oase der Entspannung für Herrscher wie den Erbauer der Anlage, Al-Hakam II. (915–976). 1903 stieß man bei Bauarbeiten am Campo Santo de los Mártires zufällig auf die Überreste aus der Umayyaden-Dynastie. Erst in den 1970er-Jahren befassten sich Historiker mit den Funden, die auch ein Bad der späteren Almohaden-Ära (12. Jh.) umfassen. Seit 2006 sind die Bäder mit Marmorsäulen, Hufeisenbögen, arabischen Dekors und den typisch sternförmigen Lichtöffnungen am Deckengewölbe öffentlich zugänglich.

■ Plaza Campo Santo de los Mártires s/n, Tel. 608/15 88 93, Juli–15. Sept. Di–Sa 8.30–15, So 8.30–14.30, 16. Sept.–Juni Di–Fr 8.30–20.45, Sa bis 16.30, So 14.30 Uhr, Eintritt 2,50 €, erm. 1,25 €, bis 13 Jahre und Do ab 13 Uhr frei

❹ Judería
| Historisches Viertel |

Zweifelsohne der schönste Stadtteil Córdobas, der oft und zu Recht in einem Atemzug mit dem Albaicín von Granada genannt wird. Die Planung des einstigen jüdischen Viertels geht bereits auf die Zeit des römischen Imperiums zurück. In der Zeit des Kalifats war es der Mittelpunkt städtischen Lebens, und bis zur Zwangsvertreibung der Sepharden durch die Katholischen Könige Ende des 15. Jh. bildete es auch das Zentrum jüdischen Lebens in der Stadt. Besucher sollten sich

35 Córdoba

in der Judería einfach treiben lassen. Zu den Sehenswürdigkeiten wie dem Zoco Municipal – ein Hof mit Kunsthandwerksmarkt –, der Synagoge, der Kapelle des heiligen Bartholomäus oder der Statue des Philosophen Moses Maimonides (1135/38–1204) an der Plaza de Tiberiades gelangt man dann wie von selbst. La Judería ist nicht groß, aber eines der schönsten Stadtviertel in Andalusien, dessen Besuch Sie sich nicht entgehen lassen sollten.

❺ Sinagoga de Córdoba
| Synagoge |

Es ist nur wenig von der alten Synagoge erhalten geblieben, dennoch gilt der 1315 errichtete Bau als Juwel maurischer Baukunst. Neben einer reichen Ornamentik, restaurierten Fenster- und Torbögen sind auch einige hebräische Inschriften zu besichtigen.

■ C/ Judíos 20, Tel. 957/20 29 28, Di–Sa 9–20, So 9–15 Uhr, Eintritt für EU-Bürger frei, sonst 0,50 €

❻ Capilla Mudéjar de San Bartolomé
| Kirche |

Diese hübsche Mudéjar-Kapelle ist dem heiligen Bartholomäus geweiht und ein Geheimtipp unter Córdoba-Reisenden. Heute befindet sich auf dem Gelände die Philosophische Fakultät der Universidad de Córdoba. Zwischen 1399 und 1410 mit Gotikelementen auf 45 m² errichtet, wartet sie mit vielen Azulejo-Fliesen und arabischer Stuckverzierung auf.

■ C/ Averroes s/n, Tel. 957/21 87 53, www.manmaku.es/capillamudejar, 15. Juni–14. Sept. Di–So 10.30–13.30, sonst 10.30–13.30, 15.30–18.30, So 10.30–13.30 Uhr, Eintritt Di–Fr 1,50–2 €, bis 8 Jahre frei

Die Plaza de la Corredera war einst Schauplatz von Stierkämpfen und Pferderennen

Córdoba

7 Centro Flamenco Fosforito
| Museum |

Interaktiv auf Tuchfühlung gehen mit dem immateriellen Kulturerbe

Das wohl beste Flamenco-Museum Andalusiens, benannt nach dem legendären Sänger-Cantautor Antonio Fernández Díaz (»Fosforito«) bietet für jeden etwas. Hier in der Posada del Potro, einer uralten Taverne, die bereits Miguel de Cervantes in seinem »Don Quichote« erwähnte, bekommen Besucher nicht nur einen anschaulichen und interaktiven Überblick über Geschichte, Stile und Entwicklung des 2010 zum immateriellen Kulturerbe erklärten Musikgenres. Abends finden oft auch Livekonzerte statt.

■ Plaza del Potro, Tel. 957/48 50 39, www.centroflamencofosforito.cordoba.es, Di–Sa 8.30–15, So 8.30–14.30 Uhr, Eintritt frei

8 Plaza de la Corredera
| Platz |

Mit ihren Tapasbars und Restaurants, die zu moderaten Preisen Erfrischungen servieren, ist die weitläufige Plaza Wahrzeichen und Treffpunkt der Stadt. Der von Arkadenbögen umsäumte Platz ist der einzige mit rechteckigem Grundriss in Andalusien, daher ähnelt er durchaus der Plaza Mayor in Madrid oder in Salamanca, der Geburtsstadt des Architekten Antonio Ramós Valdés, der die Plaza 1683 plante.

9 Palacio de los Marqueses de Viana
| Stadtpalast |

Dieser Stadtpalast mit zwölf Innenhöfen aus dem 15. und 16. Jh. präsentiert sich als architektonisches Schmuckkästchen mit manieristischer Fassade, nobel ausgestatteten Zimmern mit Kunstschätzen und Gemälden sowie einer immensen Bibliothek. Noch beeindruckender ist die Gartenanlage mit zwölf Patios, Wasserspielen und arabesken Säulengängen. Besonders im Frühling und Frühsommer entfaltet sie ihre ganze Schönheit. Ein verstecktes Kleinod im Barrio de Santa Marina.

■ Plaza de Don Gome 2, Tel. 957/49 67 41, www.palaciodeviana.com, Sept.–Juni Di–Sa 10–19, So 10–15, Juli–Aug. Di–So 9–15, sonst siehe Website, Eintritt 8 €, nur Patios 5 €, Mi 14–17 Uhr und bis 10 Jahre frei

ADAC Mobil

Mit etwas Glück lässt sich eine Parklücke nahe dem Zentrum außerhalb der Stadtmauer finden, etwa am Paseo de la Victoria. Dies verlangt ein wenig Geduld, ist aber kein Ding der Unmöglichkeit. Parkscheinautomaten für die **Kurzparkzonen** (»Zona Azul«) stehen überall (1 € für 90 Min., maximale Parkdauer 2 Std.). Während der Siesta (14–17 Uhr) ist das Parken gratis, ebenso ab 21 Uhr sowie Sa ab 14 Uhr. Vergleichsweise günstig ist das Parkhaus Parking la Ribera, zentral am Paseo de la Ribera 1 gelegen (1,80 € pro Std., 15,50 € pro Tag, www.parkinglaribera.com).

Restaurants

€€–€€€ | **El Caballo Rojo** Die Karte spielt mit klassischen Einflüssen maurischer, urspanisch-christlicher und jüdischer Gastronomie. Spanienweit ist das Lokal berühmt für sein Ochsenschwanzgericht »Rabo de Toro«. Lange geschmort, zerfällt das Fleisch auf der Zunge. ■ C/ Cardenal Herrero 28, Tel. 957/47 53 75, www.elcaballorojo.com, tgl. 9–24 Uhr, Plan S. 96 b3

35 Córdoba

🛍 Einkaufen

Platería Califal Der typische Silberschmuck Córdobas nennt sich »Filigrana Califal«, und geht auf eine Technik des 10. Jh. zurück: arabisch anmutende Ohrringe, Broschen, Ringe oder Armreifen, oft inspiriert von den Ornamenten der Mezquita-Catedral oder der Medina Azahara. ■ C/ Buen Pastor 19 und C/ Alfayatas 7, Tel. 957/ 48 01 99, www.plateriacalifal.com, Plan S. 96 b2

Vinoteca del Sotano Exzellentes Weinlokal und -geschäft, mit Fokus auf Montilla-Weine und weitere gute Tropfen der Region. Zu den Weinen werden Spezialitäten als Tapas gereicht. ■ C/ Céspedes 10, Tel. 649/48 99 84, tgl. 9–20.30 Uhr, Plan S. 96 b2

36 Almodóvar del Río

Die Festung spielte in der TV-Serie »Game of Thrones« eine Hauptrolle

ℹ Information

■ OIT, Ctra. de la Estación s/n, ES-14720, Tel. 957/63 50 14, www.almodovardelrio.es, Di–Fr 9.30–13.30, Sa, So 10–13 Uhr

Burgen gibt es in Andalusien wie Sand am Meer. Doch das Castillo und Wahrzeichen des knapp 8000 Einwohner zählenden Dorfes 24 km westlich von Córdoba ist dank umfassender Renovierung im vorigen Jahrhundert eine besonders eindrucksvolle Alcazaba. Im Dorf in der Ebene darunter finden sich zudem zahlreiche traditionsreiche Tapasbars und -restaurants, die weithin bekannte Spezialitäten servieren, allen voran die kulinarische Berühmtheit »Gazpacho de Jeringuilla«, eine lokale Variante der kalten Tomatensuppe.

👁 Sehenswert

Castillo de Almodóvar del Río
| Festung |
Die Ursprünge der imposanten Festung von Almodóvar del Río mit ihren acht Türmen, gehen bis ins Jahr 760 zurück, die Zeit der ersten muslimischen Eroberung der Iberischen Halbinsel unter der Führung von Berberfürsten. Während der Herrschaft der Mauren waren die Festung und der Ort als »al-Mudawwar al-Adna« (die Runde) bekannt, ein Name, der auf die Kreisform des Burghügels anspielt. Aufgrund der penibel durchgeführten Restaurierungsarbeiten in den ersten drei Dekaden des 20. Jh. zeigt sich die massive Festung heute in außergewöhnlich gutem Zustand. Hinzu kommt eine spektakuläre Lage, die auch die Location-Scouts der US-TV-Serie »Game of Thrones« überzeugte und dazu veranlasste, die Festung zum Stammsitz »Highgarden« des Hauses Tyrell zu machen.

■ C/ del Castillo s/n, Tel. 957/63 40 55, www.castillodealmodovar.com, Herbst, Winter Mo–Fr 11–14.30, 16–19, Sa, So, Feiertage 11–19, Sommer (außer Juli) bis 20, Juli Mo, Di, Do, Fr 10–16, Mi 10–19, Sa, So, Feiertage 10–20 Uhr, Eintritt 6,50 €, erm. 4 €

37 Palma del Río

Bezauberndes Dorf, umgeben von duftenden Orangenplantagen

ℹ Information

■ OIT, Plaza Mayor de Andalucía s/n, ES-14700, Tel. 957/64 43 70, www.turismo.palmadelrio.es, Mo–Fr 10–14, 18–20.30, Sa bis 20, So 10–14 Uhr

Palma del Río

Die Festung Castillo de Almodóvar thront auf einer Anhöhe über dem Guadalquivir

Dieser Ort geht auf eine Berbergründung im 8. Jh. zurück, und bis heute ist der Dorfkern von Stadtmauern umgeben. Einst schützten fünf mächtige Türme einer fünfeckigen Alcazaba das Dorf am Guadalquivir-Fluss vor Angriffen der Christen. Von der ursprünglichen Festung sind heute nur noch Teile ersichtlich. Nachfolgende Dynastien verstärkten die Festung massiv, bis sie 1241 von Kastilien erobert wurde. Heute zählt der Ort, auf halbem Weg zwischen Córdoba und Sevilla, knapp 21 000 Einwohner. Abgesehen von seinen Orangenplantagen ist Palma del Río auch als Geburtsort berühmter Stierkämpfer wie »El Córdobes« spanienweit bekannt.

 Sehenswert

Recinto amurallado
| Altstadt |

Der Altstadtkern, die alte Alcazaba, ist nach wie vor umgeben von den arabischen Stadtmauerresten. Insbesondere die mächtigen Türme beeindrucken noch heute, allen voran die Torre de las Angustias. Ein kleiner archäologischer Garten geht auf die Almohaden-Dynastie zurück.

▪ C/ Muralla s/n, Juli, Aug., Sept. 8–24, Sa, So, Feiertage 10–24, sonst bis 20 Uhr, Eintritt frei

Palacio Portocarrero
| Stadtpalast |

Der im 15. Jh. errichtete Palacio-Alcázar der Grafen von Palma de Mallorca bezaubert mit einem Stilmix aus Mudéjar- und Renaissance-Stilmitteln und ist umgeben von Mauern aus der Almohadenära (11.–12. Jh.). Neben den mit Säulengängen gesäumten Patios überrascht der Palacio in seinem Inneren mit einem üppigen botanischen Garten, der u.a. mit verschiedenen Zitrusbäumen aufwartet.

▪ C/ Cardenal Portocarrero, Tel. 670/ 88 20 08, www.palacioportocarrero.com, Do–Sa 10.30–14.30, 16.30–18.30, So 10.30–14.30 Uhr

Córdoba und das grüne Andalusien

 Übernachten

In den Binnenprovinzen Córdoba und Jaén findet sich eine große Bandbreite an Unterkünften. In der einstigen Hauptstadt des Kalifats sind arabesk eingerichtete Hotels in Palacios oder alten Herrenhäusern längst kein unerschwinglicher Luxus mehr. Auch wenn man hier nach wie vor ein wenig mehr bezahlen muss als in einer einfachen Herberge, ist das Erlebnis mit nichts zu vergleichen. In den Naturschutzgebieten finden sich moderne Spa-Hotels zu moderaten Preisen, und fast immer werden Frühbucher mit Rabatten belohnt.

La Iruela und die Sierra Cazorla 84

€ | **Camping los Llanos de Arance** Gepflegter und komfortabler Campingplatz im Herzen des Naturschutzgebietes, der auch Bungalows bietet. Pool. ■ Crta. de La Sierra bei Km 53, ES-23478 Coto Ríos, Tel. 953/71 31 39, www.llanosdearance.com

€€ | **Hotel Spa Sierra de Cazorla***** Mehr als 60 toll ausgestattete Zimmer mit Blick auf die Hügellandschaft der Sierra bietet dieses Spa-Hotel mit Restaurant. ■ Crta. de la Sierra bei Km 2, ES-23476 La Iruela, Tel. 953/72 00 15, www.hotelspasierradecazorla.com

Úbeda und Baeza 85

€€ | **Hotel Zenit el Postigo ***** Zentral gelegen, mit Garten, Pool und Zimmern mit Massageduschen, ist das Hotel eine gute Option zum fairen Preis. Internet-Frühbucherrabatte. ■ Calle Postigo 5, ES-3400 Úbeda, Tel. 912/18 20 28, https://elpostigo.zenithoteles.com

€€–€€€ | **Hotel Puerta de La Luna****** In einem Herrenhaus des 17. Jh. mit Geschmack eingerichtetes, familienfreundliches Hotel mit Pool, Garten, feinem Restaurant. ■ Calle Canónigo Melgares Raya 7, ES-23440 Baeza, Tel. 953/74 70 19, www.hotelpuertadelaluna.com

Baños de la Encina 87

€–€€ | **Hotel Palacio los Guzmanes** Gemütliches Landhotel in einem historischen Palacete mit freundlichem Personal und Pool. Frühstücksterrasse mit Blick auf das Dorf. Das hoteleigene Restaurant El Olivar bietet Hausgemachtes aus lokalen Produkten. ■ C/Trinidad 4, ES-23711, Tel. 953/61 30 75, www.palacioguzmanes.com

Jaén 88

€€–€€€ | **Parador de Jaén** Über den Dächern von Jaén, im Castillo de Santa Catalina, liegt das Spitzenhotel der Parador-Gruppe. Rustikal eingerichtete Zimmer, oft mit Balkon, üppige Gärten, ein Terrassenpool – zum relativ kleinen Preis. Frühbucher finden Doppelzimmer für unter 200 €. ■ Castillo de Sta. Catalina, ES-23002, 5 km vom Zentrum, Tel. 953/23 00 00, www.parador.es

Priego de Córdoba 91

€–€€ | **Hospedería San Francisco** Familienfreundliche Herberge in einem alten Konvent in ruhiger Lage. Ideal für Familien mit Kindern, auch wegen der entzückenden Belegschaft. ■ Plaza Compás de San Francisco 15, Tel. 957/71 01 83, www.monasteriodesanfrancisco.es

Córdoba 94

€ | **Hospederia del Atalia**** Zentrale, bei der Mezquita gelegene, relativ günstige Herberge mit 20 Zimmern. Für Familien geeignete Vierbett-Suiten, romantisch-stilvolle Zimmer. Ausblick von der Gemeinschaftsterrasse auf die Altstadt. Freundliches Personal. ■ C/ Buen Pastor 19, ES-14003, Tel. 957/ 49 66 59, www.hospederiadelatalia.com

€ | **Hotel Cordoba Carpe Diem**** Günstiges, zentral und dennoch ruhig gelegenes Stadthotel mit großen, hellen Zimmern. Frühbucher können über die Website eine Junior-Suite für unter 100 € reservieren. Fitnessstudio, Sauna, Indoor-Pool. ■ C/ Barroso 4, ES-14003, Tel. 957/476 221, www.hotelcordobacarpediem.com

 €€–€€€ | **Hotel Las Casas de la Judería de Córdoba** **** Unweit der arabischen Bäder liegt dieses bezaubernde familienfreundliche Boutiquehotel in einem liebevoll restaurierten Palacio. Die eleganten Dachsuiten sind nicht ganz billig, doch verfügen sie über Terrassen mit traumhaftem Blick auf die Altstadt. Beheizter Pool. ■ C/ Tomás Conde 10, ES-14004, Tel. 957/20 20 95, www.lascasasdelajuderiadecordoba.com

€€–€€€ | **Hotel Viento10** In einem alten Mudéjar-Palacio liegt dieses Hotel mit Terrasse und Blick über die Sehenswürdigkeiten des Zentrums. Spa-Bereich mit Sauna und Jacuzzi und helle, komfortable Zimmer ohne viel Schnickschnack. ■ C/ Ronquillo Briceño 10, ES-14002, Tel. 957/76 49 60, www.hotelviento10.es

Almodóvar del Río 100

€ | **Al-Mudawar** Liebevoll eingerichtete, familiäre Landherberge in den Gassen am Fuße des Festungshügels, mit kühlen Patios und Gemeinschaftsterrassen. Für Paare gibt es Doppel-Standardzimmer, auch Dreibettzimmer mit kleineren getrennten Betten, gut geignet für mitreisende Kinder. ■ C/ La Barca 18, ES-14720, Tel. 957/63 50 08, www.almudawar.com

ADAC *Das besondere Hotel*

Das Landhotel **Molino la Fárraga** bietet stilvolle Zimmer in einer alten, von Grund auf renovierten Mühle. Es verfügt über einen eigenen botanischen Garten mit mehr als 100 Pflanzenarten und einen Pool. Im dazugehörigen ökologischen Nutzgarten können alle, auch die Jüngsten, mithelfen und vom Gemüse und Obst naschen.
€€ | *Camino de la Hoz s/n, ES-23470 Cazorla, Tel. 953/72 12 49, 696/69 73 90, www.molinolafarraga.com*

Cádiz und die Costa de la Luz

Vom Südzipfel Europas bis zur portugiesischen Grenze warten goldgelbe Strände, einzigartige Naturareale und spektakuläre weiße Dörfer

Cádiz, das ursprünglich phönizische »Gadir«, gilt als eine der ältesten Städte Europas und ist mit einer wunderhübschen Altstadt gesegnet. Im Hinterland, in der Sierra de Grazalema, reihen sich entlang der Ruta de los Pueblos Blancos zahlreiche sehenswerte weiße Dörfer aus arabischer Zeit wie auf einer Perlenkette aneinander. Und die Costa de la Luz, »Küste des Lichts«, verwöhnt Erholungssuchende mit kilometerlangen Stränden und feinstem weißen Sand. In den Feuchtgebieten des Nationalparks Coto de Doñana, der sich am Küstenabschnitt zwischen Huelva und Cádiz ausbreitet, machen alljährlich Hunderttausende Zugvögel Rast. Und wie fast überall in Andalusien begegnen einem die Spuren der bewegten Geschichte auf Schritt und Schritt: So stach im August 1492 in Palos de la Frontera am Ufer des Río Tinto der Seefahrer Christoph Kolumbus in See zu seiner folgenschweren Reise in die »Neue Welt«.

In diesem Kapitel:

38 Aracena 106
39 Minas de Riotinto 106
40 Huelva 107
41 Palos de la Frontera 107
42 Parque Nacional Coto de Doñana 108
43 Sanlúcar de Barrameda 109
44 Jerez de la Frontera 110
45 Cádiz 112
46 Vejer de la Frontera 115
47 Tarifa 117
48 Gibraltar 118
Übernachten 119

ADAC Top Tipps:

9 **Parque Nacional Coto de Doñana**
| Nationalpark |
Das größte Feuchtgebiet Spaniens ist Rast- und Brutplatz für Hunderttausende Zugvögel und eines der letzten Refugien für den Pardelluchs. 108

10 **Cádiz**
| Stadtbild |
Eine der ältesten Städte Europas, umspült von den Wellen des Atlantiks, punktet mit Lebensart, Sandstränden und etwas Havanna-Feeling an der Küstenpromenade. 112

ADAC Empfehlungen:

 Bodegas Tío Pepe, Jerez de la Frontera
| Weingut |
In der berühmtesten Sherry-Bodega Andalusiens wird man nicht nur in die hohe Kunst des Kelterns eingeweiht. Bei der Verkostung mit Tapas kommt man sicher auf den Geschmack. 111

 La Sorpresa, Cádiz
| Restaurant |
Taverne und Feinkostladen im Stile der 1950er. Hier wird der Thunfisch der Region gekonnt serviert und in hausgemachten Konserven verkauft. 115

 Vejer de la Frontera
| Ortsbild |
Das weiße Dorf par excellence, eindrucksvoll gelegen auf einem Fels, der sich über der Ebene erhebt. 115

 Playa de Bolonia, Tarifa
| Strand |
Traumhafter Sandstrand mit Afrikablick und einer 30 m hohen Sanddüne neben einer römischen Ruine. 117

 Whalewatching an der Straße von Gibraltar
| Tierbeobachtung |
Die Chancen, einen großen Meeressäuger, darunter auch Pot- und Finnwale hautnah zu erleben, sind vor Tarifa außerordentlich hoch. 117

 La Casa del Califa, Vejer de la Frontera
| Hotel |
Wohnen in original maurischen Häusern aus dem 10. Jh., Terrassen-Swimmingpool und herrliche Aussicht inklusive. 120

Aracena

Das Städtchen in der Sierra de Aracena birgt ein Wunder unter der Erde

Information

- OIT, C/ Pozo de la Nieve s/n, ES-21200, Tel. 663/93 78 77, www.aracena.es, tgl. 10–14, 16–18 Uhr

Das Städtchen ist umgeben von der immergrünen Sierra de Aracena. Das zweitgrößte Naturschutzgebiet Andalusiens beherbergt weite Pinienwälder sowie Stein- und Korkeichenhaine. Die einzigartige Kulturlandschaft der sogenannten Dehesas (Eichenhaine) ist ein Paradies für Ibérico-Schweine, die sich hier neben Rindern und Kampfstieren an den Eicheln laben.

Sehenswert

Cuevas de las Maravillas
| Höhle |
Durch die Pforte eines unscheinbaren weißen Hauses nahe dem Zentrum von Aracena gelangt man in diese unterirdische Wunderwelt. Die Besucher erwarten Stalaktiten und Stalagmiten in den unmöglichsten Formen entlang eines Höhlenbachs mit einigen Seen. Ein unvergessliches Erlebnis.

ADAC *Spartipp*

Die Sehenswürdigkeiten von Aracena, u. a. die Höhlen, ein Schinkenmuseum (Museo del Jamon, Avenida Gran Via s/n) und eine maurische Festung aus dem 13. Jh., können mit der **Tarjeta Aracena Tourística** (12 €, erm. 10 €) besichtigt werden.

- C/ Pozo de la Nieve s/n, Tel. 663/93 78 76, www.aracena.es/es/municipio/gruta, tgl. 10–13.30, 15–18 Uhr, geführte Besichtigung 9 €, erm. 6,50 €, geologische Expertenführung 20 €

Minas de Riotinto

Reiche Bodenschätze lockten die Briten an den »roten Fluss«

Im Zuge ihrer Bergbautätigkeit rund um das beschauliche Bergdorf brachten die Briten auch ihre Tradition und den Fußballsport mit nach Spanien. Und hier begann die Geschichte des heute größten Bergbaukonzerns der Welt. In Riotinto, benannt nach seinem einzigartigen, rötlich gefärbten Fluss, testeten die Weltraumbehörden NASA und ESA Ausrüstung für eine Marsmission, da das Terrain Parallelen zum roten Planeten aufweist. Forscher interessieren sich auch für die chemische Zusammensetzung des Flusswassers, das sehr sauer und eisenhaltig ist, aber dennoch das Überleben von Mikroorganismen ermöglicht.

Sehenswert

Parque Minero de Riotinto
| Bergbau |
Der alte Eisen- und Kupfer-Tagebau kann besichtigt werden. Ein Besucherzug mit der ältesten noch in Dienst befindlichen Dampflokomotive führt durch duftende Eukalyptuswälder vorbei an denkmalgeschützten Industrieanlagen und monumentalen Schlackeresten bis zum »roten Fluss«.
- Plaza Ernest Lluch s/n, Tel. 959/59 00 25, www.parquemineroderiotinto.es, tgl. 10.30–15, 16–20 Uhr, Besichtigungsfahrten ab 11 €, erm. 10 €

Im Blickpunkt

Christoph Kolumbus

Einen neuen Seeweg nach Indien finden? Noch dazu westwärts? Das war schon eine außergewöhnliche Idee, von der Kolumbus die Königin Isabel von Kastilien überzeugen konnte. Immerhin war die Erde in den Köpfen der Menschen im Jahr 1492 noch eine Scheibe, an deren Kanten Ungeheuer oder der Absturz in die Hölle warteten. In Palos de la Frontera bereitete er seine Reise vor und fand mit den hier ansässigen Pinzón-Brüdern, Martín Alonso und Vicente Yáñez, zwei Kapitäne, die verrückt genug waren, sich dem Unternehmen anzuschließen. Am 3. August stach er mit der »Santa María« und den zwei Karavellen »Pinta« und »Niña« in See, und erst am 12. Oktober desselben Jahres sollten sie schließlich Land erreichen. Dass es sich dabei um Inseln vor dem amerikanischen Kontinent handelte, ahnten sie damals noch nicht.

40 Huelva

Städtchen mit Kneipen und Tapasbars und Blick auf den weiten Ozean

 Information

■ OIT, C/ Jesús Nazareno 21, ES-21001, Tel. 959/65 02 00, www.turismohuelva.org, Mo–Fr 9–19.30, Sa, So 9.30–15 Uhr

»Die Pforte zum Atlantik« spielte lange Jahre eine Nebenrolle, was den Tourismus betrifft. Doch die Stadt mit ihrem authentischen Markt und dem renovierten Hafenpier verpasste sich einen umfassenden Neuanstrich. Heute trägt die Image-Politur Früchte.

 Sehenswert

Muelle de la Compañía Rio Tinto
| Hafen |

Der alte Hafenpier der Rio Tinto Company Limited ist ein idealer Ort, um den Sonnenuntergang an der Mündung des Río Odiel zu beobachten. Er wurde mit Beginn des Bergbaus in Minas de Riotinto im letzten Drittel des 19. Jh. angelegt und ist ein beeindruckendes denkmalgeschütztes Beispiel für die Industriearchitektur dieser Ära.
■ Puente Muelle Levante s/n

 Einkaufen

Mercado del Carmen Der Markt von Huelva präsentiert sich nach wie vor äußerst authentisch. Die Lautstärke der Fischverkäufer (über 60 Stände) ist nicht zu übertreffen. Fischtapas-Buden und eine Cafetería-Bar laden zum Probieren lokaler Spezialitäten ein. ■ Av. de la Ría 2, Ecke Av. Italia, www.mercadodelcarmen.com, Mo–Sa 7–15 Uhr

41 Palos de la Frontera

Von hier stach Christoph Kolumbus im Jahr 1492 in See

 Information

■ OIT, in der Casa Museo Martín Alonso Pinzón, C/ Cristóbal Colón 21, ES-21810, Tel. 959/35 01 00, Mo–Fr 10–14 Uhr

41 Palos de la Frontera

Die drei Schiffe der Kolumbus-Flotte erreichten am 12. Oktober 1492 die »Neue Welt«

Das touristische Angebot von Palos de la Frontera steht ganz im Zeichen der ersten Entdeckungsreise von Christoph Kolumbus, der hier seine berühmte Überfahrt begann. Viele Orte und Denkmäler im Städtchen mit seinen gut 10 000 Einwohnern erinnern an die Monate im Jahr 1492, bevor der Entdecker mit knapp 90 Mann und den hier geborenen Brüdern Pinzón zu seiner ersten Reise aufbrach.

Sehenswert

Muelle de las Carabelas

| Museumsschiffe |

Nachbauten der Entdecker-Schiffe von Christoph Kolumbus können knapp 3,5 km außerhalb des Stadtzentrums von Palos de la Frontera in der sogenannten Paraje de La Rábida besichtigt werden. Diese Kopien wurden bereits 1992 angefertigt, anlässlich des 500-jährigen Jubiläums der Entdeckung Amerikas. Ein Besuch ist auch für Kinder ein Abenteuer und macht deutlich, mit welch unglaublichem Wagemut die Männer über mehr als zwei Monate lang in ihren Nussschalen über den Atlantik segelten.

■ Paraje de La Rábida s/n, Tel. 959/53 05 97, Di–So 10–19.30, im Sommer bis 21 Uhr, Eintritt 3,60 €, bis 5 Jahre frei

42 Parque Nacional Coto de Doñana

 Spaniens größtes Feuchtgebiet und bedrohtes Weltnaturerbe

Information

■ Besucherzentrum La Rocina, bei El Rocío an der A-483, Ortsausfahrt von Al-

monte Richtung Matalascañas, Juli–Sept. 10–15, 16–18, sonst 9–19 Uhr
◼ Besucherzentrum Palacio del Acebrón, an der A-483 Richtung La Rocina, tgl. 9–15, 16–19 Uhr
◼ Besucherzentrum El Acebuche, an der A-483, fast bei Matalascañas, Juni–Sept., tgl. 8–15, 16–21, sonst 9–20 Uhr

Über unglaubliche 54 252 ha erstreckt sich der Doñana-Nationalpark, hinzu kommt eine nochmals halb so große Pufferzone. Zu den vielfältigen Habitaten des Parks zählen periodisch überschwemmte Lagunen, sogenannte »Marismas« (Marschland), Wanderdünen, Feuchtgebiete sowie Pinien-, Steineichen- und Kiefernwälder. Sie bieten einer Vielzahl von bedrohten Tier- und Pflanzenarten ein letztes Refugium. Zu den Bewohnern des Gebiets zählen u.a. der Iberische Pardelluchs, der majestätische, spanische Kaiseradler und das Purpurhuhn – das Wahrzeichen des Parks. Drei Besucherzentren informieren über Flora und Fauna des Nationalparks: Das Zentrum La Rocina eignet sich besonders zur Vogelbeobachtung, der schicke Palacio del Acebrón widmet sich der Geschichte des Parks und das Zentrum El Acebuche informiert über den bedrohten Pardelluchs. Bei Letzterem starten auch Jeeptouren.

ADAC *Mobil*

Obacht ist geboten, da sich auf den unbefestigten Straßen die **Luchse** an die Präsenz des Menschen gewöhnt haben. Die meisten dieser seltenen Tiere, die auf ihren Wanderungen teils große Distanzen zurücklegen, sterben, weil sie überfahren werden.

Im Blickpunkt

Der Iberische Luchs

Er gilt als eines der seltensten Tiere in Europa, der iberische Luchs, auch Pardelluchs (Lynx pardinus) genannt. Die Wildkatzenart ist deutlich kleiner als sein eurasischer Verwandter. Weibchen bringen knapp 9 kg auf die Waage, Männchen fast 13 kg. Ab den 1950er-Jahren sorgten Virenerkrankungen, Jagd, der Verlust von Lebensraum durch Städte-, Straßen- und Staudammbau sowie das Verschwinden seiner Beutetiere dafür, dass der Pardelluchs fast gänzlich ausgerottet wurde. Heute leben dank massiver Schutzmaßnahmen, gefördert von der EU, etwa 250 bis 300 Exemplare in Andalusien, v. a. in der Sierra Morena und im Doñana-Nationalpark.

Sanlúcar de Barrameda

Die einstige Pforte zum amerikanischen Kontinent an der Flussmündung

Information

◼ OIT, Calzada Duquesa Isabel s/n, ES-11540, Tel. 956/36 61 10, www.sanlucarturismo.com, Mo–Sa 10–14, 17–19, So 10–14 Uhr

Nicht nur Christoph Kolumbus stach von Sanlúcar aus zu seinen zweiten und dritten Amerika-Reisen in See, auch der portugiesische Entdecker Ferdinand Magellan nutzte die Mündung des Guadalquivir-Flusses als

Sanlúcar de Barrameda

Im Blickpunkt

»Ayayayay, Flamenco!«

Der Flamenco, seit 2010 immaterielles Weltkulturerbe, ist untrennbar mit dem andalusischen Lebensstil verbunden. Neben dem Tanz (»baile«) mit farbenprächtigen Kleidern und steppenden Schritten (»Taconeo«) und dem für Außenstehende oft schwer verständlichen Taktmuster ist die Welt des Flamencos v. a. für das virtuose Instrumentalspiel (»Toque«) bekannt, das von weltberühmten Gitarristen wie Paco de Lucia zur Perfektion gebracht wird. Die Ursprünge des Flamencos liefern indes Stoff für Spekulationen und Debatten. Als gesichert gilt, dass bei Cádiz schon zur Zeit der Römer rhythmische Tänze von Frauen aufgeführt wurden. Begleitet wurden sie dabei von Rhythmusinstrumenten, die ähnlich wie die heutigen Kastagnetten mit den Händen gespielt wurden. Manche Historiker spannen den Bogen sogar noch weiter bis zur vorrömischen Tartesser-Kultur, die in der Region verbreitet war. Den heutigen Flamenco prägten Einflüsse des arabischen »al-Andalus«, der Roma-Kultur, der sephardischen Juden und später auch aus Lateinamerika. Flamenco-Cafés kamen erst im 19. Jh. auf, die Gesänge und Lieder wurden bis dahin nur mündlich überliefert. Ein Star der aktuellen Szene ist Estrella Morente, Tochter des berühmten Sängers Enrique Morente aus Granada.

letzten Halt vor seiner Weltumsegelung. Das Denkmal »Legua Zero« am Ufer im Stadtteil Bajo de Guía würdigt Magellans Expedition, die den Beweis erbrachte, dass die Erde eine Kugel ist. Von Sanlúcars einstiger Bedeutung für den Seehandel zeugen schmucke Palacios und Herrenhäuser. Heute ist die Stadt v. a. wegen ihrer rasanten Pferderennen am Strand bekannt.

 Erlebnisse

Der **Nationalpark Coto de Doñana** (S.108) lässt sich von Sanlúcar aus mit dem Schiff »Real Fernando« entdecken. Tickets für die zweieinhalbstündige Fahrt (17 €) oder eine dreieinhalbstündige kombinierte Boots- und Jeeptour (35 €) müssen spätestens eine halbe Stunde vor Abfahrt gelöst werden. ■ Infos im Centro de Visitantes Fábrica de Hielo, Av. Bajo de Guía s/n, Tel. 956/38 65 77, www.visitasdonana.com, tgl. 9–20 Uhr, Fahrten: Mai–14. Sept. Mo–Sa 2 Fahrten pro Tag, 15. Sept–April tgl.

44 Jerez de la Frontera

Wiege der Sherry-Weine, des Flamencos und der andalusischen Pferde

 Information

■ OIT, Plaza del Arenal s/n, Edificio Los Arcos, ES-11403, Tel. 956/33 88 74, www.turismojerez.com, Mo–Fr 9–15, 17–19, Sa, So 9.30–14.30 Uhr

Jerez de la Frontera, dessen Zentrum von einer alten arabischen Stadtmauer umgeben ist, hat gleich mehrere spanische Exportschlager hervorgebracht. Unter anderem soll hier die Wiege des Flamencos (v.a des Stils

Jerez de la Frontera 44

Gonzalez Byass vor seiner Sherry-Manufaktur Tío Pepe in Jerez del la Frontera

»Bulería«) liegen, und auch der beliebte Sherry wurde in der Weinbauregion erfunden (»Jerez« ist im Spanischen die Bezeichnung für Sherry). Neben einem Stadtbummel, vorbei an zahllosen Palacios und Kirchen, sollten Sie sich ein Flamenco-Spektakel (»espectaculo«) in den Vierteln Santiago oder San Miguel nicht entgehen lassen.

Sehenswert

Real Escuela Andaluza de Arte Ecuestre
| Reitschule |

Neben einer thematischen Führung durch die Reitschule und das Museo del Enganche, in dem die Geschichte des Pferdegespanns beleuchtet wird, sind v.a. die Reitkunst-Vorführung »Wie tanzen die andalusischen Pferde?« ein unvergessliches Erlebnis.

■ Av. Duque de Abrantes s/n, Tel. 956/ 31 80 08, www.realescuela.org, Mo, Mi, Fr 10–14, Di, Do 10–15 Uhr, ab 21 €, Tickets lange im Voraus online kaufen

Bodegas Tío Pepe
| Weingut |

 Sherrys aus Jerez sind für Kenner ein Hochgenuss

Die wohl traditionsreichste Sherry-Bodega in Jerez und damit weltweit wurde bereits 1835 gegründet. Sogar über der Madrider Plaza Puerta del Sol thront ihre Leuchtreklame. Interessierte können an einer Führung mit Verkostung teilnehmen.

■ C/ de Manuel María González 12, www.bodegastiopepe.com, 3 x tgl. Führungen (1,5 Std., Reservierung per E-Mail: reservas @gonzalezbyass.es), Eintritt 15 €

Restaurants

€ | **Bar Juanito** Tapas und »raciones« (größere Portionen) in einem sevillanisch dekorierten Lokal mit vielen Azulejo-Fliesen. Bereits seit 40 Jahren eine Institution in Jerez. Berühmt ist Juanitos Artischocken-Zubereitung.

■ C/ Pescadería Vieja 8, www.bar-juanito.com, Di–So 12.30–16.30, 20–24 Uhr

45 Cádiz

Eine der ältesten Städte Europas, vom Atlantik umspült

Die zentrale Plaza San Juan de Dios und das klassizistische Rathaus von Cádiz

Information

■ OIT, Av. José León de Carranza s/n, ES-11011, Tel. 956/28 56 01, www.cadiz turismo.com, Juli–Sept. Mo–Fr 9–19, sonst 8.30–18.30, Sa, So u. Feiertage 9–17 Uhr

 Malerisches Stadtbild auf einer Landzunge im Atlantik

Die Silbertasse (»Tacita de Plata«), wie die Provinzhauptstadt auch genannt wird, weil sich das Sonnenlicht silbern im Meer der vorgelagerten Bucht spiegelt, geht auf die Phönizier zurück, die hier um 1100 v.Chr. eine erste Siedlung gründeten. Über 126 Aussichtstürme ermöglichen es Besuchern, die Schönheit der Stadt aus verschiedensten Blickwinkeln zu betrachten. Die Bewohner von Cádiz, die herzlichen »Gatidanos«, können sich glücklich schätzen: Mit der Playa de la Victoria besitzen sie einen wunderbaren Stadtstrand, einmal im Jahr feiern sie einen der buntesten Karnevals in Spanien.

Sehenswert

Torre Tavira
| Aussichtspunkt |
Der Wachturm aus dem 18. Jh. ist der ideale Ort, um sich einen ersten Überblick über die historische Altstadt zu

Cádiz

Plan S. 114

■ C/ San Miguel 15, Tel. 956/22 63 37, Di–Sa 11–14, 17–20, So 11–14 Uhr, Führung zu jeder vollen Stunde (ab 2 Pers.) nach Voranmeldung, Eintritt frei

❸ Catedral Santa Cruz sobre el Mar
| Kirche |

Die weiße Kathedrale von Cádiz wurde erst im 18. Jh. fertiggestellt und gilt als Wahrzeichen der Stadt. Der Grundriss des Kirchenbaus, der stilistisch zwischen Barock und Neoklassizismus angesiedelt ist, erstreckt sich vom Zentrum bis fast an die Atlantikküste. Besucher können den Glockenturm, die Torre del Reloj, erklimmen und den Ausblick über die Stadt genießen.

■ Plaza de la Catedral s/n, Nov.–März Mo-Sa 10–18.30, April–Juni Mo-Sa 10–20, Juli–Aug. 10–21, Sept.–Okt. 10–20 Uhr, Eintritt 5 €, erm. 3 €, bis 12 Jahre frei

verschaffen. Neben einem Traumblick über die Stadt und den Atlantik aus 45 m Höhe erläutert eine Camera Obscura anschaulich das Stadtpanorama.

■ C/ Marqués del Real Tesoro 10, Tel. 956/ 21 29 10, www.torretavira.com, Mai–Sept. 10–20, Okt.–April 10–18 Uhr, Eintritt 6 €

❷ Yacimiento Arqueológico Gadir
| Ruinen |

Die Überreste der alten phönizischen Siedlung Gadir zählen zu den am besten erhaltenen Zeugnissen aus jener Zeit. Hier lassen sich neben gepflasterten Straßen acht Phönizier-Häuser in ihren Grundrissen begutachten.

❹ Avenida Campo del Sur
| Promenade |

Kein Cádiz-Besuch wäre komplett ohne einen entspannten Bummel über die Promenade entlang der Küstenlinie, die von der Catedral bis zum Strand von La Caleta reicht. Nicht zu Unrecht wird die Avenida von vielen mit dem berühmten Malecón von Havanna in Kuba verglichen.

❺ Castillo de San Sebastián
| Festung |

Die einem Bollwerk gleiche Festung wurde im 18. Jh. zum Schutz des Hafens mitten im Meer angelegt. Der Leuchtturm wurde auf den Fundamenten eines arabischen Atalaya-

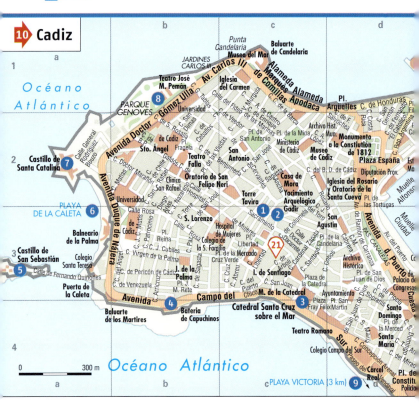

Wachturms errichtet. Der Legende nach befand sich hier bereits in der Antike ein Tempel, der dem griechischen Gott Kronos gewidmet war.

■ Paseo Fernando Quiñones s/n, tgl. 9.30–17.30 Uhr, Eintritt frei

❻ Playa de la Caleta
| Strand |

Der Stadtstrand ist zwar nur 450 m lang, hat aber ein modernistisches Strandbad aus den 1920er-Jahren zu bieten. Der Balneario de Nuestra Señora de la Palma y del Real hat sogar schon im James-Bond-Film »Stirb an einem anderen Tag« mitgespielt. Die Playa ist bei Sonnenuntergang einer der schönsten Orte in Cadíz.

■ Av. Duque de Nájera s/n

❼ Castillo de Santa Catalina
| Festung |

Die strategisch wichtige Hafenbefestigung wurde schon im 16. Jh. von König Felipe III. in Auftrag gegeben. Eine Besichtigung gibt Einblick in das Leben der Soldaten vergangener Tage. Im Sommer finden hier Konzerte statt. Im September gibt es Kinovorführungen im Rahmen eines Dokumentarfilmfestivals (www.alcances.org).

■ C/ Campo de las Balas s/n, Nov.–Feb. tgl. 11–19.30, März–Okt. 11–20.30 Uhr, Juli, Aug. Mi länger, Eintritt frei

❽ Parque Genovés
| Park |

Der von den alten Stadtmauern umgrenzte Stadtpark aus dem 18. Jh.

gleicht aufgrund seiner Artenvielfalt einem botanischen Garten. Kinder lieben die Dinosaurier-Nachbildungen auf dem Gelände und den künstlich angelegten See mit Wasserfällen und Grotte. Vom Mirador de Santa Bárbara offenbart sich ein Panorama über die Stadt und das Meer.

■ Av. Dr. Gómez Ulla 13, tgl. 8–23 Uhr

 Playa Victoria
| Strand |

Der größte Stadtstrand mit ausgezeichneter Infrastruktur und feinstem Sand ist auch der schönste. Er ist bestens geeignet für einen Tag am Atlantik mit Kindern. Frischer Fisch zu günstigen Preisen wird im Strandrestaurant La Marea (Paseo Marítimo 1) serviert.

■ Av. Fernández Ladreda s/n, Av. Amilcar Barca s/n, Paseo Marítomo s/n, Bus-Linie Nr. 7 ab La Viña oder La Caleta

Restaurants

 €€ | **La Sorpresa** In der Taverne mit Feinkostgeschäft wird der in der Region gefangene Thunfisch in allen nur erdenklichen Formen köstlich zubereitet. Im 1956 gegründeten Laden ist der Charme der 1950er-Jahre

ADAC *Mobil*

Im historischen Zentrum einen Parkplatz zu finden, ist eine schier unlösbare Aufgabe. Deshalb sollte man den Wagen in der Neustadt abstellen, den **ÖPNV** oder eines der **Parkhäuser** nutzen, z. B. an der Plaza de San Antonio (2 € pro Std., 14,95 € pro Tag) oder in der Avenida Cuesta de las Calesas (1,56 € pro Std., Touristen-Bon für 2, 3 und 5 Tage um 10 € pro Tag).

exzellent konserviert, ebenso wie der Fisch in den hausgemachten Konservenbüchsen. Für Gourmets eine Top-Adresse, und die Konserven eignen sich perfekt als Souvenirs. ■ C/ Arbolí 4, Tel. 956/22 12 32, www.tabernalasorpresa.com, Di–Sa 11.30–16.30, 20.30–23.30, So 11.30–16.30 Uhr, Plan S. 114 c3

Vejer de la Frontera

 Weißes Dorf par excellence, mit arabischem Flair

Information

■ OIT, Av. de los Remedios 2, ES-11150, Tel. 956/45 17 36, www.vejerdelafrontera.org, Juli–Sept. Mo–Fr 10–14.30, 17–22, So 10.30–14.30 Uhr, sonst siehe Website

Vier Stadttore führen in die gänzlich ummauerte Altstadt von Vejer de la Frontera mit ihren engen, typisch arabischen Gassen und weißen Häuschen mit mittelalterlichen Holztüren. Überall locken versteckte Patios, die mit betörend duftenden Blumenkästen und -töpfen verziert sind. Verschlafen ist Vejer allerdings keinesfalls. Hier herrscht das ganze Jahr über lebhaftes Treiben, mit zahlreichen Konzerten, Flamenco-Aufführungen oder rauschenden Stadt-Fiestas.

Restaurants

 € | **Freiduría Zapola** Im Nachbarort von Vejer de la Frontera, Conil de la Frontera, sorgt dieser Take-away seit Jahren für lange Schlangen und zufriedene Meeresfrüchtefans. Hier werden bester frittierter Fisch und sogar »Huevas« (Fischeier) zum Mitnehmen verpackt. Um die Wartezeit zu verkürzen, laden die Inhaber stets zu einem kleinen Bierchen (»caña«) ein. ■ C/ de Pascual Junquera 18, Conil de la Frontera, tgl. 11–16.30, 20–24 Uhr

In der Umgebung

Cabo Trafalgar
| Leuchtturm |
Der monumentale, knapp 34 m hohe Leuchtturm am Cabo de Trafalgar an einem herrlichen Strand ist ein beliebtes Fotomotiv, das abends in wunderschönem rötlichen Licht erstrahlt. Hier, unmittelbar vor der Küste, bezwang die britische Marine am 21. Oktober 1805 unter Vizeadmiral Horatio Nelson die spanische Armada mit der alliierten Flotte Frankreichs. Damit war das Ende der spanischen Dominanz auf den Weltmeeren besiegelt.

■ Rund 15 km von Vejer, erreichbar über die A-2230 und die A-2233 Richtung Los Caños de Meca

Im Blickpunkt

Ruta de los Pueblos Blancos

Eine 145 km lange Rundtour über seichte Berge und Hügel führt zu den 19 schönsten weißen Dörfern der Provinzen Cádiz und Málaga. Mit ihren typischen engen Gassen und weiß gekalkten Häusern sind diese kleinen Ortschaften eng mit dem Erbe der Mauren verbunden. Sie liegen allesamt im andalusischen Hinterland, das landschaftlich äußerst reizvoll und im Winter überraschend reich an Niederschlägen ist. Die immergrüne Sierra de Grazalema hält sogar den Regenrekord in Spanien. Bester Ausgangspunkt für eine Erkundung der Route ist Arcos de la Frontera. Von dort geht es dann weiter über Setenil de las Bodegas, Prado del Ray und Grazalema nach Zahara de la Sierra, dem vielleicht schönsten der weißen Dörfer.
Weitere Infos auf www.cadizturismo.com/rutas/ruta-de-los-pueblos-blancos

Tarifa

Kitesurf-Paradies mit Afrikablick am südlichsten Ausläufer Europas

i Information

■ OIT, Paseo De la Alameda s/n, ES-11380, Tel. 956/68 09 93, www.tarifaturismo.com, Mo–Fr 10–13.30, 16–18, Sa, So nur bis 13.30 Uhr

Am südlichsten Zipfel Kontinentaleuropas gelegen, keine 14 km Luftlinie von Marokko entfernt, ist v.a. der Wind ein omnipräsenter Begleiter. Grund dafür ist das Zusammentreffen des warmen Mittelmeers und des kühlen Atlantiks. Das freut zahlreiche Wind- und Kitesurfer, die dem Ort mittlerweile zu touristischer Prominenz verholfen haben. Und im einst verschlafenen Dorf hat sich ein pulsierendes Nachtleben entwickelt. In Tarifa bietet sich außerdem die einmalige Gelegenheit für Naturliebhaber, Whalewatching-Touren in die Straße von Gibraltar zu unternehmen – mit bis zu 95-prozentiger Walsichtungsgarantie! Wer von Algeciras anreist, sollte auf halber Strecke beim Kiosk des Mirador del Estrecho den Blick auf die Straße von Gibraltar und das Rif-Gebirge genießen.

● Sehenswert

Playa de Bolonia
| Strand |

 Der schönste Strand an der andalusischen Atlantikküste

Mit einer gut 30 m hohen Sanddüne erstreckt sich der traumhafte weitläufige Sandstrand knapp 20 km nördlich von Tarifa. Hier kann man sich mit Blick auf Nordafrika in die Wellen stürzen. Direkt am Strand befinden sich die Ruinen des römischen »Baelo Claudia«, einer Siedlung aus dem 2. Jh. v. Chr.

ADAC *Wussten Sie schon?*

Stets Anfang Mai zelebriert man in Barbate und den umliegenden Küstendörfern die **Almadraba** (wörtlich übersetzt »Kampfplatz«), den traditionellen Thunfischfang, mit traditionellen Thunfischgerichten. Die uralte Fangmethode mit fixen Stellnetzen geht auf die Phönizier zurück und ist quasi seit Jahrtausenden unverändert geblieben. Einst überall an der Küste Andalusiens verbreitet, wird sie heute aufgrund der Überfischung des Thunfischs allerdings nur noch in wenigen Dörfern angewandt. Auch außerhalb der Saison können Interessierte der »Ruta del Atun« durch die Küstendörfer kulinarisch folgen.
Weitere Infos auf www.larutadel atun.com

✹ Erlebnisse

 Whalewatching an der Straße von Gibraltar Die spannenden Wal-, Orca- und Delphintouren (ca. 2 Std.) starten im Hafen von Tarifa. Die Chancen, auf die großen Meeressäuger zu treffen, sind hier außerordentlich hoch. Seltener werden auf den Touren auch riesige Pott- und Finnwale gesichtet. ■ Av. Alcalde Juan Núñez 3, Tel. 956/68 07 41, www.turmares.com, Ausfahrten um 12 und 15 Uhr, Touren ab 30 €, erm. 20 €, Juli, Aug. 35 € bzw. 22 €

47 Tarifa

Sport

Tarifa Spinout Kite- und Windsurfkurse auch für Anfänger (5 Tage 1 Std. tgl., inkl. Ausrüstung ca. 349 €) und auf Deutsch. Ein Schnupper-Kitekurs für Kinder (1,5 Std.) kostet 44 €. Auch Equipment wird vermietet. ■ Playa de Valdevaqueros, Tel. 956/23 63 52, www.tarifaspinout.com, Nov.–März geschl.

48 Gibraltar

Klein-England am Affenfelsen präsentiert sich noch immer »very British«

Information

■ OIT, 13 John Mackintosh Square, GX11 1AA, Tel. +350 20 04 50 00, www.visitgibraltar.gi, Mo–Fr 9–17.30, Sa 9.30–15.30, So 10–13 Uhr, auch am Grenzübergang

Das britische Überseeterritorium Gibraltar ist ein kleines Stückchen England in Spanien, und wenn man schon mal hier ist, sollte man durchaus einen kurzen Abstecher über die Grenze wagen. Der »Peñón«, wie die Spanier das Gebiet nennen, umfasst nur etwa 8 km² Fläche und beherbergt knapp 29 000 Einwohner – sowie 300 diebische Makaken-Affen. Am Südzipfel liegt ein schöner Aussichtspunkt mit einem Leuchtturm und einer Moschee. Hoch hinaus führt der erst 2016 fertiggestellte »Thrill Seekers Trail«, eine frei zugängliche Hängebrücke in 50 m Höhe für Schwindelfreie.

Sehenswert

Gibraltar Botanic Gardens La Alameda
| Botanischer Garten |

Ein Juwel und eine grüne Lunge Gibraltars ist dieser mit allen Finessen britischer Gartenkunst angelegte Botanische Garten am Fuße des Affenfelsens. Er erstreckt sich über fast 6 ha, und wurde bereits 1812 eröffnet. Besonders im Frühjahr entfaltet sich seine Blütenpracht zu einer duftenden Symphonie für Auge und Nase. Zu den hier gezeigten 1900 Pflanzenarten zählen auch seltene kanarische Drachenbäume sowie zahllose Palmenarten und Varianten des Hibiskus.
■ Red Sands Road, Tel. +350/20 04 12 35, www.gibraltargardens.gi, tgl. 8–21 Uhr, im Winter schließt der Garten bei Sonnenuntergang, Eintritt frei

Main Street
| Straßenzug |

Die beliebte Haupteinkaufsstraße von Gibraltar auf mit einer Fülle an Geschäften für Elektronik, Parfüms, Spirituosen etc. Die Waren sind hier aufgrund des noch gültigen steuerlichen Sonderstatus in der EU günstiger als in Spanien zu bekommen.

ADAC *Wussten Sie schon?*

Archäologische Funde belegen zwar die frühgeschichtliche Präsenz von **Affen in Gibraltar**, doch es ist anzunehmen, dass die aktuelle Population von etwa 260 bis 300 rotzfrechen Makaken auf die Zeit nach der arabischen Invasion von 711 zurückgeht. Wird Gibraltar, wie es die Legende besagt, so lange in britischer Hand bleiben, wie es lausende Affen auf dem Djebel al Tarik (arabischer Name Gibraltars) gibt? Das wird der weitere Verlauf und Ausgang der Brexit-Verhandlungen zeigen.

Übernachten

Insgesamt sind die Unterkünfte in den Provinzen am Atlantik etwas günstiger als etwa an der Costa del Sol. Insbesondere in Jerez de la Frontera liegen die Hotelpreise selbst im Zentrum noch deutlich unter dem andalusischen Durchschnitt. Man bekommt hier für sein Geld weit mehr geboten, manchmal sogar einen Hauch von Luxus. Wer in Cádiz-Stadt oder generell an der Atlantikküste nächtigen will, wird wohl Meerblick bevorzugen, auch wenn dieser stets ein wenig mehr kostet. Im Hinterland, z.B. in der Sierra de Aracena, aber auch in der Gegend rund um Huelva, haben in den vergangenen Jahren einige Landhotels in alten Fincas oder Cortijos eröffnet, meist mit eigenen Pools, schönen Gärten und vielen Möglichkeiten für Aktivurlauber, vom Radfahren bis zum Canyoning.

Aracena 106

€ | Hotel La Fronda (Alájar) Wunderhübsches Landhotel inmitten der Natur der Sierra de Aracena. Jedes Zimmer bietet herrliche Panoramablicke. Das Hotel hat einen Swimmingpool und ein feines, hoteleigenes Restaurant, das nur lokale, ökologische Produkte verwendet, und auch für Vegetarier und Menschen mit Glutenunverträglichkeit kocht. Auch Haustiere sind hier willkommen. ■ An der HU-8105 bei Km 24,2 bei Alájar, ES-21340, Tel. 959/50 12 47, 659/96 35 10, www.fincalafronda.com/es

Huelva 107

€–€€ | Hotel Hacienda Montija Außerhalb von Huelva, doch nur 10 Min. vom Stadtzentrum und 15 Min. vom Strand entfernt, liegt dieses freundlich geführte Hacienda-Landhotel auf einem renovierten arabischen Landgut aus dem 11. Jh. Es verfügt über schattige Patios, ausgedehnte Gartenanlagen und sogar einen Spa-Bereich. ■ Ctra. San Juan Del Puerto, bei Km 2,5, ES-21007 Huelva, Tel. 959/22 21 11, www.haciendamontija.com

Doñana-Nationalpark 108

€ | Camping la Aldea Eine urige Möglichkeit, beim Nationalpark die Nächte zu verbringen, bieten die hier angebotenen typischen Häuser der Region, sogenannte »Chozas marismeñas«, die Gäste als Bungalows mieten können. ■ Auf der H-612, der Ctra. von Almonte Richtung Matalascañas, bei Km 25, ES-21750 El Rocío, Tel. 959/44 26 77, Preise siehe Website www.campinglaaldea.com

Jerez de la Frontera 110

€ | Hotel Casa Grande *** Das Casa Grande bietet 15 liebevoll eingerichtete Zimmer, alle unterschiedlich eingerichtet, aber allesamt mit exklusivem und hochwertig restauriertem Mobiliar ausgestattet. ■ Plaza de las Angustias 3, ES-11402, Tel. 956/34 50 70, www.hotelcasagrande.eu

€ | Hotel Tierra de Jerez *** Äußerst zentral gelegen, nur 5 Min. von der

Übernachten

Kathedrale entfernt, bietet dieses Hotel komfortable Zimmer zu erstaunlich günstigem Preis. ■ C/ Corredera 58, ES-11402, Tel. 956/34 64 00, www.hoteltierrasjerez.com

Cádiz 112

€ | **Hotel Argantonio** Unweit des Hafens zentral gelegen, bietet dieses sehr gepflegte und charmante Hotel eine überaus angenehme und kostengünstige Option in Cádiz. ■ C/ Argantonio 3, ES-11004, Tel. 956/21 16 40, www.hotelargantonio.com

€–€€ | **Hotel La Catedral** *** Wie der Name schon sagt, liegt dieses Hotel direkt bei der Kathedrale, auf die man auch beim Bad im Rooftop-Pool einen herrlichen Blick hat. ■ Plaza de la Catedral 9, ES-11005, Tel. 956/29 11 42, www.hotellacatedral.com

€–€€ | **Hotel Tryp La Caleta** An der Uferpromenade vis-à-vis der Playa Victoria bietet dieses Hotel Meerblick, aber nicht aus allen Zimmern. Die spanische Meliá-Gruppe ist ein Garant für Qualität in Cádiz und hat preislich günstige Übernachtungen im Angebot. Eine Haltestelle für Busse ins Zentrum befindet sich vor dem Eingang des Hotels. ■ Av. Almicar Barca 47, ES-11009, Tel. 912/76 47 47, Info via Website www.melia.com, nach Tryp La Caleta suchen

€€€ | **Hotel Playa Victoria** **** Topmodernes Strandhotel an der Playa de la Victoria, viele der Zimmer sind mit Blick auf den Ozean. Swimmingpool und eigener Strandbereich des Hotels mit Sonnenschirmen und Liegen. Kinderfreundlich. ■ Glorieta Ingeniero La Cierva 4, ES-11010, Tel. 956/20 51 00, Infos über die Website der Palafox-Gruppe www.palafoxhoteles.com

€€€ | **Parador de Cádiz** Luxushotel der Parador-Gruppe, die in Cádiz einen architektonisch einzigartigen Neubau errichtet hat: mit großem Spa- und Wellnessbereich sowie In- und Outdoor-Pool direkt am Strand La Caleta. Frühbucher können Schnäppchen weit im Voraus ergattern, z.B. ein Doppelzimmer (Frühstück inkl.) für etwa 200 €. ■ Av. Duque de Nájera 9, ES-11002, Tel. 956/22 69 05, www.parador.es

Vejer de la Frontera 115

€ | **Camping El Palmar** Der Platz hat neben Zeltplätzen und Stellplätzen für Wohnmobile auch komfortabel eingerichtete Bungalows. ■ Am Strand El Palmar, 11 km von Vejer, ES-11159 El Palmar, Tel. 956/23 21 61, www.campingelpalmar.es

(25) €€ | **La Casa del Califa** In alten maurischen Häusern aus dem 10. Jh. verteilen sich die unterschiedlich arabesk gestalteten Zimmer über mehrere Ebenen. Es gibt einen Terrassen-Swimmingpool und natürlich eine herrliche Aussicht. Das Restaurant bietet exzellente nordafrikanische Küche in arabisch angehauchtem Ambiente. ■ Plaza de España 16, ES-11150, Tel. 956/44 77 30, www.califavejer.com/hotels/la-casa-del-califa

Tarifa 117

€€ | **Posada La Sacristía** Herrenhaus aus dem 17. Jh. im Zentrum Tarifas, mit lediglich zehn stilecht und zauberhaft eingerichteten Zimmern sowie einem Restaurant. In der Posada finden auch Ausstellungen und Konzerte statt. ■ C/ San Donato 8, ES-11380, Tel. 956/68 17 59, www.lasacristia.net

ADAC Service Andalusien

Beim **ADAC Infoservice**, in den **ADAC Geschäftsstellen** sowie auf dem **Internetportal des ADAC** (www.adac.de) erhalten Sie Informationen zu den Dienstleistungen des Automobilclubs und zu Ihrem Reiseziel. Als **ADAC Mitglied** können Sie zudem das kostenlose **ADAC TourSet® Andalusien** mit vielen Reiseinfos und Karten anfordern oder die **TourSet App** auf dem **Smartphone** oder **Tablet-PC** installieren (www.adac.de/toursetapp).
Rufen Sie bei Notfällen und Pannen den **ADAC Notruf** bzw. den **ADAC Auslandsnotruf** an. Unser Team steht Ihnen rund um die Uhr zur Verfügung.

ADAC Infoservice
Tel. 0 800/510 11 12
Infos zu allen ADAC Leistungen
(Mo–Sa 8–20 Uhr, gebührenfrei)

ADAC Notruf Deutschland
Tel. 0 180/222 22 22
(24 Std., ca. 6 ct/Anruf, max. 42 ct/Min. aus deutschem Mobilfunknetz)

ADAC Notruf Mobil-Kurzwahl
Tel. 22 22 22
(Gebühren variieren je nach Netzbetreiber)

ADAC Auslandsnotruf
Tel. +49/89/22 22 22
(Gebühren variieren je nach Netzbetreiber und Land)

Internet-Serviceangebote des ADAC für Ihre Reiseplanung

Service	Webadresse
Aktuelle Verkehrslage	www.adac.de/verkehr
ADAC Routenplaner	www.adac.de/maps
Infos zu Tankstellen und Spritpreisen	www.adac.de/tanken
Infos zu mautpflichtigen Strecken	www.adac.de/maut
Infos zu Fährverbindungen	www.adac.de/faehren
ADAC TourMail (Aktuelle Infos vor Anreise)	www.adac.de/tourmail
Informationen für Camper	www.adac.de/camping
Informationen für Motorradfahrer	www.adac.de/motorrad
Informationen für Segler und Skipper	www.adac.de/sportschifffahrt
ADAC Reiseangebote	www.adacreisen.de
ADAC Autovermietung	www.adac.de/autovermietung
ADAC Versicherungen für den Urlaub	www.adac.de/versicherungen
Weltweite Preisvorteile für ADAC Mitglieder	www.adac.de/vorteile-international

Diese **Produkte des ADAC** könnten Sie interessieren: **ADAC Reiseführer Gran Canaria**, **ADAC Reiseführer Portugal** und **ADAC Campingführer Südeuropa** – erhältlich im Buchhandel, bei den ADAC Geschäftsstellen und in unserem ADAC Online-Shop (www.adac.de/shop).

Andalusien von A–Z

Anreise und Einreise

Auto und Autofähre

Wer nach Andalusien mit dem Auto fahren will, steht vor keiner unlösbaren Aufgabe. Man sollte jedoch mehrere Tage und Zwischenstopps (etwa in Südfrankreich oder Katalonien) einplanen, um die knapp 2500 bis 3000 km zurückzulegen. Aus Norddeutschland und Berlin ist die übliche **Route** via Karlsruhe, Freiburg, Lyon und Avignon, aus Süddeutschland via Genf, aus Österreich via Udine, Verona, Genua und Nizza. Die Autofahrt ist im Vergleich zur Anreise per Flugzeug jedoch empfindlich teurer. In Frankreich und von La Jonquera bis Alicante sind die Autobahnen (AP-7) am Mittelmeer allesamt mautpflichtig. Eine Alternative ist die **Autofähre** von Genua nach Barcelona (2 Erw., Auto, Kabine, Hin- und Retourticket 750 €, Fahrtzeit 18 Std.). Alternativ gibt es Fährverbindungen von Genua nach Tanger an der Straße von Gibraltar und in andere Hafenstädte Nordmarokkos (www.gnv.it).

Bahn und Bus

Dank des Hochgeschwindigkeitsnetzes in Deutschland, Frankreich und Spanien hat sich in den vergangenen Jahren die Reisezeit im Zug deutlich verkürzt. **ICE-TGV-Züge** fahren via Paris nach Barcelona und von Barcelona in knapp sechs Stunden nach Málaga, Sevilla oder Granada. Etwa 24 Stunden Fahrtzeit von Berlin nach Málaga sowie mehrmaliges Umsteigen sollte man einplanen. Aus Wien und Zürich ist Paris auch per **Nachtzug** zu erreichen. Preise auf Anfrage in den Bahn-Infocentern im Heimatland (www.bahn.de, www.oebb.at, www.sbb.ch) oder in Spanien (www.renfe.com). Frühbucher zahlen deutlich weniger und finden oft tolle Rabatte.

Fernbusse verbinden wichtige Städte Deutschlands, Österreichs und der Schweiz mit Südspanien. Reisende müssen sich auf eine mehrtägige Anreise einstellen. Unter anderem fahren Eurolines (www.eurolines.de) und Flixbus (www.flixbus.de) nach Barcelona (ca. 135 € einfache Fahrt, München–Málaga 174 €, Sonderangebote beachten!). Ab der katalanischen Hauptstadt fährt die spanische Gesellschaft Alsa (www.alsa.es) weiter nach Andalusien und in seine Provinzhauptstädte.

Flugzeug

Die bequemste Art der Anreise nach Andalusien ist ein Flug. Málagas **Aeropuerto Pablo Ruiz Picasso** (AGP, www.aena.es) ist der wichtigste Flughafen der Region, mit Linien- und Charterflügen von allen wichtigen Flughäfen in Deutschland, Österreich und der Schweiz. Weitere Flughäfen wie Sevilla (SEV), Granada (GRX), Almería (LEI) oder Jerez de la Frontera (XRY) werden in der Hochsaison ebenfalls angeflogen und ganzjährig mit Linienverbindungen via Madrid oder Barcelona, z. B. mit der Iberia (www.iberia.es) oder dem Billiganbieter (www.vueling.com). Vom Flughafen Málaga fährt die Lokalbahn Cercanias (www.renfe.com) alle 20 bis 30 Minuten ins Zentrum (Einfache Fahrt: 1,80 €). In Sevilla (SEV) verkehren Flughafenbusse (4 €, einfache Fahrt). Von Granadas kleinem Flughafen Federico García Lorca (GRX) gelangt man ebenfalls mit dem Flughafenbus (2,60 €) ins Stadtzentrum. Vom Flughafen Almería (LEI) fahren Linienbusse (u. a. L-30, www.surbus.com, 1,05 € einfache Fahrt) etwa jede Stunde zur Estación Intermodal (Bus, Bahn).

Andalusien von A–Z

Einreise und Dokumente

Urlauber aus Deutschland, Österreich und der Schweiz benötigen für die Einreise ins EU-Land Spanien einen gültigen **Personalausweis** oder **Reisepass** bzw. einen **Kinderreisepass** (Kindereintrag im Pass reicht nicht, jedes Kind braucht ein eigenes Dokument), auch vorläufige Pässe werden akzeptiert. Wenn Sie länger als drei Monate verweilen wollen, sollten sie dies der Botschaft oder einem der Konsulate mitteilen. In Spanien herrscht **Ausweispflicht**, daher ist es ratsam, stets ein gültiges Ausweisdokument bei sich zu haben. Andernfalls kann es bei Polizeikontrollen Probleme geben.

Auto und Straßenverkehr

Führerschein und Papiere

Autofahrer benötigen einen nationalen **Führerschein**, den **Kfz-Schein** und ein **Nationalitätskennzeichen**, sofern das Auto kein Euro-Nummernschild hat. Die Mitnahme der Internationalen **Grünen Versicherungskarte** wird empfohlen, da sie als Versicherungsnachweis dient und bei einem Unfall die Abwicklung erleichtert.

Tempolimits in Spanien

(Ausnahmen siehe Verkehrsvorschriften)

Straße	Tempolimit
Autobahn	max. 120 km/h
Schnellstraße	max. 100 km/h
Landstraße	max. 90 km/h
Ortschaft	max. 50 km/h

Straßennetz und Sicherheit

Die Autobahnen in Andalusien sind größtenteils in sehr gutem Zustand. Nationalstraßen, oft auch Schnellstraßen sind mit einem »N« gekennzeichnet, Regionalstraßen mit »A«, Provinzstraßen jeweils mit zwei Buchstaben, beispielsweise »MA« (Málaga). Im Bergland, bei Zufahrten zu Wanderwegen oder Aussichtspunkten sowie zu abgelegenen Stränden ist mit **Schotterpisten** zu rechnen. Für solche Strecken bietet es sich an, ein Auto mit mehr Bodenfreiheit zu mieten. In den letzten Jahren zeigen sich immer mehr Nebenstraßen stark renovierungsbedürftig. Vor allem bei schlechten Witterungsbedingungen sollte man daher besonders vorsichtig fahren, besonders auch weil andalusische Autofahrer mit Starkregen, Eis oder gar Schneefall kaum Erfahrung haben. Auch Winterreifenpflicht ist in Andalusien ein Fremdwort.

Verkehrsvorschriften

In den Stadtzentren gilt häufig ein **Tempolimit** von 30 km/h, manchmal sind auch nur 20 km/h erlaubt. In den letzten Jahren wurden die Geldstrafen für Geschwindigkeitsübertretungen deutlich erhöht und Radarkontrollen forciert.

Maut

Mautgebühren sind auf den privat geführten Autobahn-Teilstücken zu entrichten, etwa auf den Strecken von Sevilla nach Cádiz (AP-4) und von Málaga bis Estepona (AP-7). Parallel zur AP-7 verläuft aber auch eine kostenlose Küstenschnellstraße und -autobahn (A-7). Die Einfahrt nach Málaga über die AP-46 von Las Pedrizas aus bzw. nach Granada und Sevilla ist ebenfalls kostenpflichtig, doch auch hier gibt es eine nahezu parallel verlaufende kostenlose Alternative (A-45) entlang des Río Guadalmedina. Die Zeitersparnis

Andalusien von A–Z

über die Mautstrecke ist minimal, wenn man ins Zentrum Málagas will. Auch das Teilstück der AP-7 von Vera (Almería) nach Cartagena ist kostenpflichtig. Gebührenübersicht siehe u.a. www.autopistadelsol.com.

Tanken

Andalusien verfügt besonders in den Ballungsräumen und Touristenzentren über ein dichtes Tankstellennetz (geöffnet ca. 7/8– 21/22 Uhr). An Autobahnen liegen Tankstellen (»Gasolinera«) oft etwas abseits an Abfahrten, aber problemlos erreichbar über die ausgeschilderte »Via de Servicio«. Das Preisniveau von **Benzin** (»gasolina«, »sin plomo«, 95 Oktan) und Diesel (»gasóleo«) liegt dabei unter dem in Deutschland, Österreichs und der Schweiz. Zurzeit ist mit etwa 1,10 € pro Liter für Diesel und 1,20 € für Benzin zu rechnen. Wer spätnachts die Heimfahrt ins Hotel antritt, oder zu einem neuen Reiseziel aufbricht, sollte spätestens um 22 Uhr den Tank füllen. **Tankstellen** mit 24-Stunden-Service sind rar, auch an Autobahnen, und sie liegen mitunter mehr als 100 km voneinander entfernt (wie zwischen Almería und Granada auf der A-92). Die Mitnahme von Reservekanistern ist nicht erlaubt. Das Tankstellennetz für Flüssiggasfahrzeuge in der Region wird stetig ausgebaut.

Parken

In den großen Städten und größeren Ortschaften Spaniens ist das Parken im Zentrum bzw. in Zentrumsnähe oft kein einfaches Unterfangen. Aber mit etwas Glück lässt sich immer eine passende Parklücke finden, achten Sie dann auf vorhandene Markierungen. **Gelbe Linien** deuten in der Regel auf ein Halte- bzw.- Parkverbot hin, das oft zusätzlich ausgeschildert ist, sowie auf Einfahrten und private Garagen. Kurzparkzonen sind »**Blaue Zonen**« und weit verbreitet. In Huelva gibt es zusätzlich zur »blauen« eine fast identische »**Orange Zone**«. Parkautomaten sind in den Straßen meist gut sichtbar aufgestellt. Viele Städte bieten auch mobile Bezahldienste mittels Smartphone-App an. **Parkkontrollen** werden häufig durchgeführt und die Strafen sind empfindlich. Bei geringer Überschreitung der Parkdauer können sie aber mittels der Funktion »Anular multa« (Strafe annullieren) direkt am Parkautomaten bezahlt oder abgemildert werden. **Weiße Linien** markieren Gratisparkplätze, bei denen man jedoch stets auf die zusätzliche Beschilderung achten sollte, die auf eine eventuelle Einschränkung (Ladetätigkeit, Markttage etc.) hinweist. **Parkhäuser** sind in den Städten die praktischste, aber teuerste Alternative. Sie bieten außerdem Schutz vor Parkschäden – »Kontaktparken« ist üblich, im Schadensfall Kontaktdaten zu hinterlassen jedoch nicht.

Unfall und Panne

Außerhalb von Ortschaften und auf Autobahnen muss vor Verlassen des Fahrzeugs eine gelbe Sicherheitsweste angelegt werden. Das Mitführen der grünen, internationalen Versicherungskarte ist bei Fahrten mit dem Privat-PKW ratsam, da sie die Bürokratie nach dem Schadensfall deutlich vereinfacht. Autovermieter geben ihren Kunden stets ein Formular mit – »Parte del accidente« oder »Declaración amistosa« –, das im Schadensfall ausgefüllt werden muss. Darauf werden den Angaben zum Unfallhergang und

Andalusien von A–Z

den beteiligten Personen gemacht. Verzichten Sie aber möglichst darauf, ein Schuldeingeständnis abzugeben. In jedem Fall ist es ratsam, die Polizei zu rufen (Tel. 112, Lokalpolizei 092, Guardia Civil 062).

Zentralruf der Autoversicherer Auskunftsstelle / GDV

■ Glockengießerwall 1, 20095 Hamburg, Tel. 0800/250 26 00, +49/403 00 33 03 00, www.gdv-dl.de

Kinder im Auto

Kinder bis zu einer Körpergröße von 135 cm müssen in Spanien laut Gesetz in einem passenden Kindersitz reisen, der in der hinteren Sitzreihe montiert ist. Hat ein Fahrzeug nur Frontsitze, gelten Ausnahmeregelungen. Achten Sie in diesem Fall darauf, dass der Beifahrer-Airbag zu deaktivieren ist. Leihwagenfirmen bieten Kindersitze gegen Aufpreis an.

Barrierefreies Reisen

Als EU-Mitglied ist Spanien und damit Andalusien zur Umsetzung bestimmter Richtlinien zur Barrierefreiheit verpflichtet, und vielerorts werden diese auch längst umgesetzt. An Flughäfen, Bahnhöfen und -stationen, Busbahnhöfen, aber auch in Hotels, Restaurants und Bars wird flächendeckend auf die Bedürfnisse von Menschen mit beeinträchtigter Mobilität Rücksicht genommen. Problematisch sind nach wie vor manche (historische) Stadtzentren, insbesondere die steilen, verwinkelten Gassen der Albaicín Granadas und der »Weißen Dörfer« in den Bergen der Sierra de Grazalema von Cádiz. Festungen und Paläste, wie die Alhambra oder die Alcazaba und die Gibralfaro-Festung in Málaga), können größtenteils auch mit dem Rollstuhl erkundet werden, abgesehen von einigen Wachtürmen oder Räumen und Terrassen, die nur über Treppen erreichbar sind. Informieren Sie das Personal über besondere Bedürfnisse vorab. Oder fragen sie das örtliche OIT über die Möglichkeiten zur barrierefreien Besichtigung einzelner Sehenswürdigkeiten.

Diplomatische Vertretungen

Sollten Sie in Andalusien Schwierigkeiten mit der Polizei oder den Behörden bekommen oder ihre Ausweispapiere durch Verlust oder Diebstahl abhandenkommen, stehen Ihnen die Auslandsvertretungen ihres Heimatstaates hilfreich zur Seite.

Deutsche Botschaft in Madrid

■ C/ de Fortuny 8, Madrid, Tel. +34 91 557 90 00, www.spanien.diplo.de, Mo–Fr 9–12 Uhr

Konsulat der Bundesrepublik Deutschland

■ C/ Mauricio Moro Pareto 2, Málaga, Tel. +34 952 36 35 91, www.spanien.diplo.de, Mo–Fr 8.30–12 Uhr

Honorarkonsulat der Republik Österreich

■ Alameda Colón 26, Málaga, Tel. +34 646 06 09 72, consulaustria malaga@gmail.com, www.bmeia.gv.at/oeb-madrid, Di, Do 10–13 Uhr

Konsulat der Schweizerischen Eidgenossenschaft

■ Konsulat in Málaga, E-Mail: malaga@honrep.ch, www.eda.admin.ch/madrid, Tel. +34 645 01 03 03

Andalusien von A–Z

Feiertage

1. Januar (Neujahr), 2. Januar (Día de la Toma, nur in Granada), 6. Januar (Dreikönigstag), 28. Februar (Día de Andalucía, offizieller Feiertag in Andalusien), Gründonnerstag, Karfreitag, 1. Mai (Tag der Arbeit), Fronleichnam, 15. August (Mariä Himmelfahrt), 19. August (Día de la Toma, nur Málaga), 12. Oktober (Nationalfeiertag, Día de la Hispanidad, Tag der Entdeckung Amerikas), 1. November (Allerheiligen), 6. Dezember (Tag der spanischen Verfassung), 8. Dezember (Mariä Empfängnis), 25. Dezember (Weihnachtstag).

Geld und Währung

In Andalusiens Städten ist die Dichte der **Bankfilialen** nach wie vor sehr groß. Die meisten sind ab 8.15 bis 14.30 Uhr geöffnet. Bei Bankgeschäften am Schalter ist stets ein Personalausweis oder Reisepass vorzulegen. **EC-Automaten** sind flächendeckend vorhanden, meist auch mit deutscher Menüführung. Auch wenn am Automaten beim Abheben nicht immer auf die anfallenden Gebühren hingewiesen wird, werden sie auch bei EC-Abhebungen (Maestro/Vpay; 0,50–2 €) fällig, deutlich höher sind sie bei Kreditkarten-Barbehebung (3–5 €). Die gängigen **Kredit- und EC-Karten** werden fast überall akzeptiert. Besonders im ländlichen Raum und in manchen Restaurants empfiehlt es sich jedoch, Bargeld einzustecken. Kartenzahlungen von Beträgen unter 10 € werden oft nicht akzeptiert. **Wechselstuben** finden sich in den von Touristen besuchten Stadtzentren und in den Küstenorten der Costa del Sol, auch an Bahnhöfen und Flughäfen.

Sperrnotruf für EC- und Kreditkarten

Bei Verlust oder Diebstahl der EC- oder Kreditkarte ist dringend die sofortige Sperrung zu veranlassen. Für die Sperrung benötigen Sie Ihre Kontonummer und Bankleitzahl bzw. IBAN.

■ Tel. +49/11 61 16, Mobil-Kurzwahl: 11 61 16, www.sperrnotruf.de

Kosten im Urlaub

(durchschnittliches Preisniveau)

Café con leche/Café cortado	1,20–1,50 €
Softdrink, Gläschen Bier (»caña«, 0,2 l)	1,50–2,20 €
Glas Wein (0,125–0,2 l)	2–3,50 €
Flasche Hauswein (»vino de la casa«)	10–14 €
Tapa (in Granada, Almería und Jaén zum Getränk kostenlos)	2,50–6 €
Abendessen (Portion)	9–14 €
Eintritt (städtisches, staatliches) Museum	0–3 €
Eintritt (privates) Museum	7–12 €

Im Innenteil des Reiseführers finden Sie zahlreiche **ADAC Spartipps** für Ihren Andalusien-Urlaub.

Gesundheit

Ärzte und Krankenhäuser

Die Gesundheitsinfrastruktur mit Krankenhäusern und niedergelassenen, auch **deutschsprachigen Ärzten** ist gut (insbesondere an der Costa del Sol, Infos erhalten Sie auch an der Rezeption ihres Hotels). In Krankenhäusern und »Gesundheitszentren« (»Centro de Salud«) steht fachlich topausgebildetes Personal bereit, größere Häuser

Festivals und Events

Januar
Dreikönigsfest (5. Jan., u. a. In Sevilla, Málaga, Granada, Córdoba) Festliche farbenprächtige Umzüge (»Cabalgatas«) am Abend zu Ehren der hl. Drei Könige des Abendlands, mit tonnenweise verstreuten Bonbons.

San Antón (17. Jan.) Den Tag des Heiligen Antonius begeht man vielerorts in Andalusien mit einem deftigen Eintopf (»Olla de San Antón«).

Februar
Nationalfeiertag (28. Feb.) Andalusien feiert das Datum, an dem 1980 per Volksentscheid das Autonomiestatut angenommen wurde.

März / April
Semana Santa (Osterwoche, März/April) Osterfest mit Prozessionen der Bußbrüderschaften (»Cofradías«); zu den wichtigsten zählen die in Sevilla, Málaga und Córdoba.

Fería de Abril (2 Wochen nach Ostern, Sevilla) Mehr als eine halbe Mio. Besucher lockt die »Frühjahrsmesse« in Sevilla.

Mai
Cruzes de Mayo (Anfang Mai) Überall schmücken die Andalusier Kreuze mit Blumen und gedenken des Funds des »wahren Kreuzes« durch die hl. Helena.

Festival de los Patios (2. oder 3. Maiwoche, Córdoba) Die Bürger der Stadt kämpfen um den Preis für den prächtigsten Innenhof (S. 95).

Feria del Caballo de Jerez (1. oder 2. Maiwoche, Jerez de la Frontera) Das wichtigste Fest für Pferde in Andalusien.

Pfingsten Tausende pilgern in den Wallfahrtsort El Rocío bei Ayamonte, um der hl. Virgen del Rocio zu huldigen. Aus vielen Städten brechen sie zu Pferd oder mit Traktoren auf, um der Andacht beizuwohnen.

Juni
Noche de San Juan (Sommersonnenwende, in der Nacht auf den 24. Juni) Feierlichkeiten an Andalusiens Stränden mit Lagerfeuer und mitternächtlichem Bad im Meer.

Festival de Música y Danza (Ende Juni–Mitte Juli, Granada) Über drei Wochen treten Stars der klassischen Musik an den schönsten Orten der Stadt auf, etwa im Teatro del Generalife oder dem Palacio Carlos V. der Alhambra.

August
Fería de Agosto (normalerweise 2.–3. Sa im Aug., Málaga) Farbenfrohes Volksfest mit Bühnen und Konzerten in den Straßen, ähnlich ausgelassen wie die Fería in Sevilla.

September / Oktober
Fiestas des Albaícin (Granada) Ende Sept./Angang Okt. feiert das Welterbe-Viertel Granadas seinen Schutzpatron, mit Flamenco- und moderner Rock- oder Funk-Musik, Tanz, Tapas-Verkostung und einer Riesenpaella.

bieten auch Dolmetscherdienste, z. T. per Telefon. Eine **Europäische Krankenversicherungskarte (EHIC)** sollten EU-Bürger stets mitführen, im Regelfall wird man damit auch kostenlos behandelt. Abhängig von der Versicherung muss man die Behandlungskosten vorstrecken, kann diese dann aber später zurückfordern. Insbesondere in der Hochsaison ist an den Küsten in den Gesundheitszentren und Ambulanzen mit Wartezeiten zu rechnen.

Apotheken

Apotheken (»farmacías«) sind in Andalusien mit grünen Kreuzen markiert. In den Provinzhauptstädten ist die Zahl der Apotheken groß, manche haben auch 24 Stunden geöffnet. Öffnungszeiten variieren, an geschlossenen Apotheken hängt stets eine Liste aus mit den nächsten Alternativen, auch die Feiertags- und Nachtdienste.

Haustiere

Wer nicht ohne seinen Vierbeiner (Katze oder Hund) nach Andalusien reisen möchte, benötigt einen **EU-Heimtierausweis**. Dieser wird beim Tierarzt ausgestellt und belegt, dass das Tier per Mikrochip identifizierbar ist und alle wichtigen **Impfungen** erhalten hat (z. B. Tollwut). Andalusien ist Verbreitungsgebiet der **Leishmaniose**, eine tödliche Parasiteninfektion, die über Mücken übertragen wird. Prophylaxe und Schutz vor den Stechmücken bietet ein Halsband. An einigen Stränden der Region sind Hunde erlaubt. Einen **Hundestrand** (»playa canina«) gibt es z. B. am Hafen von Motril in Granada. An abgelegenen Stränden werden Hunde oft toleriert, auch wenn sie eigentlich verboten sind.

Achten Sie darauf, dass ihr Tier immer mit genügend Wasser versorgt ist, und lassen Sie es niemals alleine im Auto!

Information

Die wichtigsten Tourismusinformationen sind in diesem Buch als **OIT (Oficinas de Información Turística)** bei den jweiligen Orten angegeben. Infos bieten auch die regionale Tourismusinformation (www.andalucia.org/de) und das spanische Tourismusamt (www.spain.info).

Deutschland

▪ Lichtensteinallee 1 (Sitz der Botschaft), DE-10787 Berlin, Tel. +49(0)30/882 65 43, E-Mail berlin@tourspain.es, Mo–Fr 10–14 Uhr

Österreich

▪ Walfischgasse 8/14, A-1010 Wien, Tel. +43 1 512 95 80 11, E-Mail: viena@tourspain.es

Schweiz

▪ Seefeldstrasse 19, CH-8008 Zürich, Tel. +41 44 253 60 50, E-Mail: zurich@tourspain.es

Klima und beste Reisezeit

Die Mittelmeerküsten Costa del Sol (Málaga) und Costa Tropical (Granada) bis nach Almería (Cabo de Gata) sind klimatisch ganzjährig attraktiv und bieten auch im Winter milde Temperaturen und reichlich Sonne. Dennoch ist ein Bad im Meer ab November bis April/Mai alles andere als angenehm. **Beste Reisezeit** für sonnenhungrige Strandurlauber sind die Sommermonate Juli und August. Etwas ruhiger ist es im Sommer am Atlantik bei Cádiz

Andalusien von A–Z

und Huelva, wo zwischen Tarifa und Ayamonte traumhafte Sandstrände warten und der Ozean ganzjährig für mildere Temperaturen sorgt. Das Binnenland und insbesondere die Städte Sevilla, Granada, Córdoba und Jaén sind im Juli und August extrem heiße Pflaster (bei Hitzewellen mit bis zu 45 °C und mehr). Empfehlenswert für einen Andalusien-Aufenthalt, ganz besonders für Kultur- und Städtereisen, sind daher die **Vor- und Nachsaison**, Mai und Juni bzw. September und Oktober. Auch das Cabo da Gata präsentiert sich im Frühling oft noch herrlich grün, und die früh einsetzende **Mandelblüte**, Ende Februar bis Mitte März, hat ebenfalls ihren Reiz. Im Winter wird es im Landesinneren empfindlich kalt mit nächtlichen Temperaturen um den Gefrierpunkt, ergiebigen Niederschlägen und punktuell sogar Schneefall. In Granada sind die Tag-Nacht-Unterschiede extrem; sie variieren ganzjährig um bis zu 20 °C.

Klimatabelle Sevilla

Monat	Luft (°C) (min./max.)	Sonne (h/Tag)	Regentage
Jan.	5/16	6	8
Feb.	7/18	7	6
März	8/21	6	9
April	10/23	8	7
Mai	13/26	9	5
Juni	17/31	11	1
Juli	19/35	12	0
Aug.	20/35	10	0
Sept.	17/32	8	2
Okt.	13/26	8	5
Nov.	9/20	6	6
Dez.	7/17	5	8

Nachtleben

Wer das Nachtleben auskosten will, muss sich darauf einstellen, dass sich **Bars**, **Kneipen** und **Clubs** erst spät, oft erst um Mitternacht, füllen. Davor ist der Großteil der Andalusier noch beim Abendessen oder auf den Terrassen der Tapas-Bars. Diskotheken bieten oft bis 1 oder 2 Uhr reduzierten oder kostenlosen Eintritt. An den Küsten und Stränden treffen sich die Nachtjünger in Chill-out-Lounges und Beach-Clubs wie dem in Tarifa eröffneten Cafe del Mar. Um Marbella finden sich eher mondäne, kosmopolitische Clubs. Doch auch in »normalen« Diskotheken ist häufig ein Dresscode angesagt, sprich Turnschuhe sind für Herren ein Tabu und es herrscht Hemdpflicht.

Notfall

Die wichtigsten Notrufnummern sind der gebührenfreie **Euro-Notruf** (Tel. 112), von dem man an Rettungsstelle, Notarzt, Polizei oder Feuerwehr weitervermittelt wird. In den Leitstellen wird man Ihnen auf Englisch, im Idealfall auch auf Deutsch, Hilfe leisten können. Die **Polizei** ist direkt erreichbar unter Tel. 091 (Policia Nacional), 092 (Policia Local) und 062 (Guardia Civil). ADAC-Mitglieder können sich rund um die Uhr an den **Auslandsnotruf des ADAC** unter Tel. +49 89/22 22 22 wenden. Bei Bedarf werden Dolmetscher vermittelt.

Öffnungszeiten

Während Einkaufszentren, Supermärkte und die Geschäfte in den wichtigen Einkaufsstraßen meist von morgens (9/9.30 Uhr) durchgehend bis spät-

Andalusien von A–Z

abends (21.30/22 Uhr) geöffnet haben, halten viele kleinere Läden, Bars und Restaurants strikt an der **Siesta** fest, v.a. in der Provinz. Das heißt, zwischen 14 und 17 Uhr findet man viele Läden geschlossen vor. In der Gastronomie wird ebenfalls häufig die Siesta respektiert (ca. 15.30/16–20 Uhr). **Kirchen und Kathedralen** sind abseits der Messen und Gottesdienste oft nur stundenweise zu besichtigen, meist informiert ein Aushang. Die zentralen **Märkte** haben wochentags bis etwa 14.30 oder 15 Uhr geöffnet, oft auch länger dank des Gastro-Bar-Angebots. Montags haben (fast) alle Fischhändler geschlossen. Bezüglich der Öffnungszeiten von Banken, Apotheken und Postämtern siehe die einzelnen Rubriken.

Post

Briefmarken (»sellos«) erhalten Sie in Postämtern, aber auch in den Tabakläden und an vielen Kiosken. Die gelben **Briefkästen** mit der Aufschrift »Correos« sind in der Form überdimensionierter Hydranten nicht zu übersehen. Für das Versenden einer Postkarte oder eines Standardbriefs aus Spanien in EU-Staaten und die Schweiz werden 1,25 € fällig.
Öffnungszeiten: Postämter (»Correos«) meist Mo–Sa von 9–13 Uhr, Hauptpostämter in den Provinzhauptstädten Mo–Fr auch bis 20.30 Uhr.

 www.correos.es

Rauchen und Alkohol

In öffentlichen Gebäuden herrscht striktes Rauchverbot, auch in Bars und Restaurants ist das Paffen seit Jahren untersagt. Alkohol wird an Jugendliche unter 18 Jahren nicht ausgeschenkt. Und in vielen Städten ist der öffentliche Konsum, etwa in Parks oder auf Plätzen, untersagt. Auch der Verkauf von Alkohol in Supermärkten ist vielerorts nach 22 Uhr verboten, ein Verbot, das die Polizei kontrolliert.

Sicherheit

Andalusien ist generell ein sehr sicheres Reiseziel. Autoeinbrüche und Diebstähle sind in den vergangenen Jahren deutlich zurückgegangen. Dennoch sollten Sie keine Wertgegenstände im Auto offen sichtbar hinterlassen. Obacht ist auch vor **Taschendieben** an touristischen Hotspots und **Trickbetrügern** geboten. Sollte Ihnen der Personalausweis oder der Pass gestohlen werden, müssen Sie dies unbedingt zur Anzeige bringen, damit Ihnen die Botschaft oder das Konsulat (S. 126) Ersatzdokumente ausstellen kann. Zur Hauptsaison stehen stets Einsatzfahrzeuge der **Touristenpolizei** vor Sehenswürdigkeiten und in den belebten Stadtzentren. Die Beamten können englisch und z. T. auch deutsch sprechen.

Besonders im Sommer herrscht in Andalusien extreme **Waldbrandgefahr**: Achten Sie v.a. in den heißen Monaten von Ende Mai bis Anfang Oktober, wo vielerorts das Wald- und Strauchland ausgedörrt und trocken ist, darauf, niemals Feuer zu machen und Zigaretten niemals aus dem fahrenden Auto zu werfen. Wenn Sie einen beginnenden Waldbrand sehen, informieren Sie die Einsatzkräfte via Euro-Notruf 112.

Nach den Terroranschlägen von Barcelona im August 2017 ist die Polizeipräsenz in den Zentren und vor Sehenswürdigkeiten drastisch erhöht worden. Aufgrund der allgemeinen

Andalusien von A–Z

Terrorgefahr werden Fußgängerzonen nun durch Poller und mit Polizeiautos vor Angriffen mit Fahrzeugen geschützt.

Sport

Golf

Auf rund 120 Golfplätzen, allesamt auf Weltniveau, kann man in Andalusien das ganze Jahr über am eigenen Handicap feilen. Besonders beliebt sind dabei die Resorts an der Costa del Sol, Granadas Costa Tropical, aber auch am Atlantik (Cádiz und Huelva). Weitere Informationen: http://rfga.org/en.

Radfahren

Andalusien hat für Radfahrer einige lohnende Strecken zu bieten. Besonders schön für kleinere Tagestouren sind die zahlreichen alten Bahntrassen, die zu Radwegen umgestaltet wurden (»Vías Verde«, www.viasverdes.com/vvandalucia). Darunter finden sich fantastische Routen wie die 128 km lange **Vía Verde del Aceite**, die zwischen Puente Genil und Zuheros (Córdoba) durch die »Olivenkammer« Andalusiens verläuft.

Aber auch in den Stadtzentren der Region wird viel für den Radverkehr getan. So wurden in Sevilla mehr als 70 km **Radwege** angelegt. In Málaga kann man entspannt entlang der Küste radeln, vorbei am Malagueta-Strand bis zum Ortsende von El Palo.

Schwimmen

Die zahllosen Mittelmeer- und Atlantikstrände Andalusiens eignen sich wunderbar zum Schwimmen. Das Mittelmeer ist dabei v.a. am **Cabo de Gata** und bei **Maro** ein Paradies für Schnorchler. Achten Sie an den Stränden jedoch stets auf Hinweisschilder und die aktuelle Flaggenfarbe. Bei **roter Flagge** ist das Schwimmen untersagt, oft aufgrund des hohen Wellengangs oder der gefährlichen Unterströmungen. Wenn Sie merken, dass es schwerfällt, auf direktem Wege zum Ufer zu gelangen, weichen Sie der Strömung nach links oder rechts aus und machen Sie Rettungsschwimmer, die an den wichtigen Stränden stets zur Badezeit anwesend sind, auf sich aufmerksam. Vorsicht ist an steinigen Stränden vor Seeigeln geboten. Badesandalen und -schlappen bieten Schutz. Quallen (auch Feuerquallen) treten insbesondere im Mittelmeer bei höheren Wassertemperaturen auf.

Segeln und Surfen

Tarifa an der Straße von Gibraltar ist das Paradies für **Kite- und Windsurfer**. Fast ganzjährig ist hier Saison, für Anfänger herrschen von Mai bis September die besten Bedingungen. Windsurfer zieht es zudem an die Costa Tropical, da man hier im Windschatten der Sierra Nevada auch im Winter milde Temperaturen vorfindet.

Auch **Segler** finden hervorragende Bedingungen vor, mit konstanten Winden, exzellenten Jachthäfen (Website des andalusischen Segelverbands www.fav.es) und Segelclubs.

Tauchen

Wer in die Unterwasserwelt vor der Küste Andalusiens eintauchen will, kann dies mithilfe von professionellen Tauchschulen tun, die allesamt nach internationalen Zertifizierungsstandards (PADI, SDI) arbeiten. Besonders schöne Tauchreviere finden sich am **Cabo de Gata** (S. 76) bei Almería und **La Herradura** (S. 60) sowie bei

Nerja im Naturschutzgebiet von **Maro**, außerdem in **Tarifa** an der Straße von Gibraltar, wo eine beachtliche Zahl von Wracks am Meeresgrund liegt. Alle Tauchschulen haben auch Schnuppertauchgänge im Programm (ca. 50–60 €, inkl. Miete für Ausrüstung).

Wandern

Andalusiens **Sierras** präsentieren sich als überraschend grüne Wandergebiete (z. B. Sierra Cazorla in Jaén, Alpujarra bei Granada und Sierra de Grazalema in der Provinz Cádiz). Aber auch **Hochgebirgstouren** zu den kargen über 3000 m hohen Gipfeln der Sierra Nevada sind möglich. Beliebtere Routen sind einigermaßen gut ausgeschildert, und es gibt zahlreiche Schutzhütten, darunter auch das ganzjährig bewirtschaftete Refugio Poqueira (http://refugio poqueira.com). Wanderkarten und GPS-Navigation sind jedoch hilfreich, einige Strecken verlaufen durch abgelegene Gebiete, in denen man nur selten einen Menschen trifft. **Beste Wanderzeit** ist je nach Route das Frühjahr oder der Herbst. Niedrige Sierras bieten sich noch bis Dezember oder ab Februar für Touren an. Achten Sie stets auf den Wetterbericht, um Wetterumschwüngen aus dem Weg zu gehen. Denken Sie immer daran, ausreichend Wasser und Proviant sowie warme Kleidung mitzunehmen.

Auskünfte geben auch der Österreichische Alpenverein (www.alpenverein.at) sowie seine schweizerischen (www.sac-cas.ch) und deutschen (www.alpenverein.de, www.alpenvereinaktiv.com) Pendants. Vereinsmitglieder genießen beim spanischen FEM/FEDME dank Kooperationsabkommen Ermäßigungen bei der Buchung der Hütten (www.fedme.es).

Strom und Steckdose

230 Volt. In Spanien finden sich die in Deutschland und Österreich gängigen Schuko-Steckdosen. Ein Reiseadapter ist nicht notwendig, einzig für manche Schweizer Stecker.

Telefon und Internet

Der Wegfall der **Roaminggebühren** in der EU und der Schweiz 2017 machte das Telefonieren und die mobile Internetnutzung beim Andalusien-Urlaub um vieles günstiger. Informieren Sie sich vor Ihrer Abreise dennoch bei Ihrem Anbieter über spezielle Datenpakete, insbesondere wenn Sie planen, viel im Internet zu surfen. Hotels bieten flächendeckend **kostenloses WLAN** nach Anmeldung an, ebenso eine Vielzahl von Cafés, aber auch im ÖPNV Málagas, an den Flughäfen oder in den Intercity-Bussen von Alsa sowie in den Bahnen und Bahnhöfen der Renfe gibt es freies WLAN. Die Handy-Netzabdeckung, v.a. im ländlichen Hinterland, ist mitunter schwach. Teile der Provinzhauptstädte haben keine Glasfaser-Internetleitungen, was die Geschwindigkeit beim Surfen deutlich ausbremst.

Internationale Vorwahlen:
- Spanien 00 34
- Deutschland 00 49
- Österreich 00 43
- Schweiz 00 41

Trinkgeld

In vielen **Tapas-Bars** wird beim Erhalt von Trinkgeld freudig »Bote!« gerufen und eine Glocke geläutet. Bezahlt werden die Rechnungen in Lokalen in der

Regel nicht getrennt. Wer mit dem Service und der Küche zufrieden ist, kann bis zu 10 % der Rechnungssumme aufschlagen. Auch das Restgeld ist ein übliches und gern gesehenes Extra für Kellner und Köche – besonders, wenn man bedenkt, dass die Gehälter in der Gastronomie weit unter denen in Deutschland, Österreich und der Schweiz liegen. Ist man indes mit dem Service nicht zufrieden, sind Kupfer-Cent-Münzen ein deutliches Zeichen. Auf geäußerte Kritik, sei diese auch angebracht, reagieren viele Andalusier empfindlich beleidigt.

Umgangsformen

Beim Besuch von Kirchen und Klöstern sollte man auf zu knappe **Kleidung** verzichten, auch wenn man diesbezüglich in Spanien nicht sonderlich strikt ist. Auch bei großer Hitze wird ein freier Männer-Oberkörper in den Straßen der Städte nicht gern gesehen, wobei hierfür noch nicht – wie in Barcelona oder Mallorca – hohe Bußgelder verhängt werden. FKK wird an einigen, oft abgelegenen Stränden (»playa nudista«) geduldet.

Unterkunft und Hotels

Abseits der hervorragenden touristischen Infrastruktur mit **Hotels, Herbergen** und **Pensionen** bieten Online-Plattformen wie Booking (www.booking.com) und AirBnB (www.airbnb.de) eine Fülle von privat geführten **Apartments** in den Stadtzentren, aber auch im ländlichen Andalusien an. So lassen sich Schnäppchen zu guten Preisen machen. Allerdings sollte man stets bedenken, dass diese neuen Online-Angebote z. T. weder legal noch steuerrechtlich korrekt sind. Sie führen zu rapiden Mietpreissteigerungen für die Andalusier und befeuern die Proteste gegen negative Auswirkungen des Massentourismus, v. a. in Málaga und im Albaicín Granadas. Ausführliche Informationen zum Hotelangebot in den einzelnen Regionen mit **Preiskategorien** finden Sie am Ende jedes Kapitels dieses Reiseführers (S. 36, 54, 80, 102, 119).

Verkehrsmittel im Land

Bahn

Sevilla (Estación Santa Justa), Córdoba, Málaga (María Zambrano), Cádiz, Jerez de la Frontera sowie Antequera (Santa Ana) sind an das spanische **AVE-Hochgeschwindigkeitsnetz** angeschlossen. Die Reise nach Madrid ist so zum Katzensprung geworden, die Hauptstadt ist in unter drei Stunden Fahrtzeit zu erreichen. Aber auch innerhalb Andalusiens, z. B. über die Routen Málaga–Córdoba (45 Min.) und Málaga–Sevilla (Avant-Schnellzug, 2 Std.), sind die großen Zentren exzellent miteinander verbunden. Vom Bahnhof Granadas, der bis Mitte 2018 an das AVE-Netz angeschlossen sein soll, fahren Regionalzüge via Ronda nach Algeciras und Schnellzüge nach Madrid via Antequera oder nach Sevilla. Weitere Informationen unter www.renfe.com.

Bus

Weit verbreitetes Transportmittel in Andalusien sind Busse, v. a. zwischen den Provinzhauptstädten, aber auch ins Hinterland zu den entlegensten Bergdörfern der Sierra Nevada oder Sierra Cazorla. Zu den führenden Anbietern zählen **Alsa** (Tel. 902/42 22 42, www.alsa.es, Buchungen mit ausländischen Kreditkarten nicht möglich) und **Portillo** (Tel. 955/038 665, http://portillo.avanzabus.com), insbesondere an der Costa del Sol. Aber auch **Eurolines** (www.eurolines.es) verkehrt regelmäßig mit internationalen Verbindungen. Infos erhalten Sie auf den Websites, telefonisch und an den jeweiligen Busbahnhöfen (»Estación de Autobus«).

Mietwagen

Die führenden Autovermieter (Sixt, Hertz, Avis) sind sowohl an den Flughäfen vertreten als auch an vielen Bahnhöfen und in den Zentren der Provinzhauptstädte. Zu den lokalen Low-Cost-Anbietern, die teilweise gute Rabatte bieten, zählen Enterprise (www.enterprise.es), Goldcar (www.goldcar.es) und Aurigacrown (www.aurigacrown.com). Für die Anmietung ist stets wichtig, dass die **Kreditkarte** auf den Fahrer ausgestellt ist. Ohne Kreditkarte lässt sich kein Fahrzeug mieten, da über sie die Kaution (150–300 €) gestellt wird. Das Mindestalter ist meist 21 Jahre. Es reicht ein nationaler Führerschein.

Für Mitglieder bietet die **ADAC-Autovermietung** günstige Konditionen an. Buchungen über www.adac.de/autovermietung, die ADAC-Geschäftsstellen oder unter Tel. 089/76 76 20 99.

Taxi

Taxis werden in Andalusien häufig genutzt und sind bestens geeignet, um zu abgelegenen Sehenswürdigkeiten zu gelangen. Das Preisniveau liegt deutlich unter dem in Deutschland, Österreich und der Schweiz. Aufschläge werden u.a. für Nachtfahrten und für Gepäckstücke im Kofferraum berechnet. Bei den Taxifahrern, die nur selten über Fremdsprachenkenntnisse verfügen, stößt man mitunter auf Kommunikationsbarrieren. Auch wenn Kartenzahlung mittlerweile auch in Taxis immer häufiger möglich ist, akzeptieren längst nicht alle Taxifahrer Kredit- oder EC-Karten.

Zollbestimmungen

Was Bürger der **EU-Länder** für ihre Andalusien-Reise an persönlichem Reisebedarf mitführen, ist abgabenfrei. Ansonsten gelten Richtwerte für den Privatverbrauch. Für Wein, der für den privaten Konsum zurück in die Heimat mitgenommen wird, gibt es keinerlei Beschränkungen – vorausgesetzt er wurde in Andalusien regulär versteuert. Bei der **Einreise in die Schweiz** bleiben Waren im Gesamtwert von unter 300 CHF zollfrei (inkl. Alkohol und Tabak). Andernfalls wird eine Mehrwertsteuer fällig. Zusätzlich müssen Freimengen beachtet werden: Steuerfrei bleiben 250 Zigaretten/Zigarren oder 250 g andere Tabakfabrikate, 5 l alkoholische Getränke bis 18 % Vol. und 1 l alkoholische Getränke über 18 % Vol. Beschränkt ist außerdem die Mitnahme von Lebensmitteln. Achten Sie hier insbesondere auf Einschränkungen bei Fleischerzeugnissen wie Ibérico-Schinken, hier ist das Limit 1 kg (Infos: www.ezv.admin.ch).

Auch wenn der steuerliche Sonderstatus, den **Gibraltar** nach wie vor für sich beansprucht, verlockend ist – man darf nur geringe Mengen Tabak (1 Päckchen Zigaretten) und Alkohol (1 l Spirituosen) über die Grenze nach Spanien einführen. Die Zollkontrollen sind zwar nur stichprobenartig, aber streng, die Strafen bei Verstößen sehr empfindlich.

Chronik

Die Geschichte Andalusiens

Vor rund 1 Mio. Jahren Fossilienfunde bei Orce belegen die Präsenz früher Menschen in der Region

Um 3500 v. Chr. Siedlungen der Los-Millares- und der El-Argar-Kultur in der heutigen Provinz Almería

1200–500 v. Chr. Das Königreich Tartessos erstreckt sich auf den heutigen Gebieten von Cádiz, Huelva und Sevilla bis an die portugiesische Algarve und findet Erwähnung bei Herodot.

1100–800 v. Chr. Gadir, das heutige Cádiz, wird gegründet und steigt zur bedeutendsten Kolonie der Phönizier in der Region auf.

206 v. Chr. Mit dem Sieg der Römer über die Karthager in der Schlacht von Ilipa endet deren Vorherrschaft.

197 v. Chr. Andalusien ist Teil der römischen Provinz Hispania ulterior, unter Kaiser Augustus wird später (27 v. Chr.) die Provinz Baetica gegründet, ein Gebiet, das dem heutigen Andalusien schon recht nahe kommt.

Um 500 Mit dem Zerfall des Weströmischen Reiches fallen Westgoten, Vandalen und andere germanische Stämme in Andalusien ein.

711 Die Mauren erobern binnen weniger Jahre die Iberische Halbinsel. 756 gründet Abd ar-Rahman I. das Exilemirat der Umayyaden von Córdoba.

929–1031 Unter Abd ar-Rahman III. erlebt das Kalifat von Córdoba seine Hochblüte.

1212 Der Sieg der Christen über die Mauren in der Schlacht von Navas de Tolosa markiert den Anfang vom Ende des islamischen Spaniens.

1492 Isabel von Kastilien und Ferdinand II. von Aragón nehmen am 2. Januar mit der Kapitulation Granadas das letzte von Mauren kontrollierte Gebiet in Iberien ein. Wenige Monate später bricht Christoph Kolumbus zu seiner Reise in die »Neue Welt« auf.

1713 Nach dem spanischen Erbfolgekrieg bekommt Großbritannien Gibraltar zugesprochen.

1808 In der Schlacht von Bailén (Jaén) wird Napoleons Heer im Spanischen Unabhängigkeitskrieg geschlagen.

1936–1975 Mit dem Putsch der »Nationalen« um Francisco Franco entbrennt auch in Andalusien ein Bürgerkrieg.

1977 Erste freie Wahlen nach der Franco-Diktatur.

1981 Andalusien wird eine Autonomieregion.

1986 EU-Beitritt Spaniens.

1992 Expo-Weltausstellung in Sevilla.

1995 Die bislang Andalusien zugehörigen Nordafrika-Enklaven Ceuta und Melilla werden autonome Städte

2017 Mit fast 30 Mio. Urlaubern verzeichnet Andalusien einen neuen Besucherrekord.

Maurische Ornamente an der Westfassade der Mezquita-Catedral in Córdoba

Mini-Sprachführer

Spanisch für die Reise

Das Wichtigste in Kürze

Ja/Nein	*sí/no*
Bitte/Danke	*por favor/gracias*
Hallo!/Auf Wiedersehen!	*¡Hola!/¡Adiós!*
Guten Morgen!	*¡Buenos días!*
Guten Abend!/Gute Nacht!	*¡Buenas tardes!/¡Buenas noches!*
Mein Name ist …	*Me llamo …*
Entschuldigung!	*¡Perdón!*
Achtung!/Vorsicht!	*¡Atención!/¡Cuidado!*
Ich verstehe Sie nicht.	*No les entiendo.*
Wie viel kostet das?	*¿Cuánto cuesta?*
Damen/Herren	*Señoras/Señores*
geöffnet/geschlossen	*abierto/cerrado*
gestern/heute/morgen	*ayer/hoy/mañana*
Wie viel Uhr ist es?	*¿Qué hora es?*
Wo ist …?	*¿Dónde está …?*
Wie weit ist das?	*¿A qué distancia está?*
Ist das der Weg nach …?	*¿Es éste el camino a …?*
Nord/Süd/West/Ost	*norte/sur/oeste/este*
Ich möchte …	*Quisiera …*
Die Rechnung, bitte!	*¡La cuenta, por favor!*
Restaurant	*restaurante*
Auto	*coche*
Tankstelle	*gasolinera*
Super/bleifrei/Diesel	*gasolina súper/gasolina sin plomo/diésel*
Panne	*avería*
Hilfe!	*¡Ayuda!/¡Socorro!*
Fahrrad	*bicicleta*
(Haupt)bahnhof	*estación de RENFE*
Busstation	*estación autobuses*
Flughafen	*aeropuerto*
Pass/Personalausweis	*Pasaporte/Documento Nacional de Identidad (D.N.I.)*
Bank/Geldautomat	*banco/cajero automático*
Arzt	*médico*
Apotheke	*farmacia*
Supermarkt	*supermercado*
Tourismusbüro	*oficina de turismo*

Wochentage

Montag/Dienstag	*lunes/martes*
Mittwoch	*miércoles*
Donnerstag	*jueves*
Freitag/Samstag	*viernes/sábado*
Sonntag	*domingo*

Monate

Januar/Februar	*enero/febrero*
März/April	*marzo/abril*
Mai/Juni	*mayo/junio*
Juli/August	*julio/agosto*
September/Oktober	*septiembre/octubre*
November	*noviembre*
Dezember	*diciembre*

Zahlen

1	*uno*	8	*ocho*
2	*dos*	9	*nueve*
3	*tres*	10	*diez*
4	*cuatro*	11	*once*
5	*cinco*	12	*doce*
6	*seis*	100	*cien, ciento*
7	*siete*	1000	*mil*

Hinweise zur Aussprache

c	vor ›a, o, u‹ wie ›k‹, Bsp.: casa, caja
c	vor ›e‹ und ›i‹ ähnlich dem englischen ›th‹, Bsp.: gracias
ch	wie ›tsch‹, Bsp.: leche
g	vor ›e‹ und ›i‹ wie ›ch‹, Bsp.: gente
gue, gui	wie ›ge, gi‹, also mit stummem ›u‹, Bsp.: guitarra, guiso
h	ist immer stumm, Bsp.: hombre
j	wie ›ch‹, Bsp.: jamón
ll	wie ›lj‹, Bsp.: tortilla
ñ	wie ›nj‹, Bsp.: niño

Register

Alle Blickpunkt-Themen in diesem Band:

Mudéjar: Arabisch-christlicher Stilmix	23
Ibérico-Schinken und -Schweine	30
Die ersten Tapas	46
Federico García Lorca	71
Hollywoodreife Landschaften	72
Ruta de Castillos y Batallas	86
Christoph Kolumbus	107
»Ayayayay, Flamenco!«	110

Andalusiens grünes Gold	88
Der Iberische Luchs	109
Ruta de los Pueblos Blancos	116

Register

A

Abd ar-Rahman III. (Kalif von Córdoba) 75, 93
Affen in Gibraltar 118
Alcalá la Real 90
Alcaudete 90
Alfonso X. (»der Weise«) 34
Al-Hakam II. (Kalif von Córdoba) 88
Alhama de Granada 58
Alkohol 131
Almadraba 117
Almería 75
Almodóvar del Río 100
Almohaden 23
Almuñécar 59
Álora 50
Anreise 123
Antequera 51
Apotheken 129
Aracena 106
Ärzte 127
Auto 124
Autofähre 123
Azulejo-Fliesen 23, 24, 28

B

Baeza 85
Bahn 123, **134**
Bus 123
Baños de la Encina 87
Barrierefreiheit 126
Bodegas Tío Pepe, Jerez de la Frontera 111
Bus 134

C

Cabo de Gata 72, **76**
Cádiz 112
- Avenida Campo del Sur 113
- Castillo de San Sebastián 113
- Castillo de Santa Catalina 114
- Catedral Santa Cruz sobre el Mar 113
- Parque Genovés 114
- Playa de la Caleta 114
- Playa Victoria 115
- Torre Tavira 112
- Yacimiento Arqueológico Gadir 113
Calatrava-Orden 34
Caminito del Rey 50
Cano, Alonso 35
Carlos III. 22
Carmona 31
Centre Pompidou Málaga 47

Córdoba 94
- Alcázar de los Reyes Cristianos 96
- Baños del Alcázar Califal 97
- Capilla Mudéjar de San Bartolomé 98
- Centro Flamenco Fosforito 99
- Judería 97
- Medina Azahara 93
- Mezquita-Catedral de Córdoba 95
- Palacio de los Marqueses de Viana 99
- Plaza de la Corredera 99
- Sinagoga de Córdoba 98
Costa Tropical 59

D

Desierto de Tabernas 72
Diplomatische Vertretungen 126

E

Écija 33
Events 128
Expo-Weltausstellung 19, **28**

Register

F

Feiertage 127
Fernando II. (von Aragón) 67, 96
Festivals 128
Fiesta de Jamón y Agua 60
Flamenco 110
Flugzeug 123
Führerschein 124

G

García Lorca, Federico 71
Geld 127
Gesundheit 127
Gibraltar 118
Golf 132
Granada 62
- Albaicín 69
- Alhambra und Generalife 63
- Capilla Real 67
- Carmen de los Martires 64
- Carrera del Darro 69
- Cuarto Real de Santo Domingo 65
- Kathedrale 66
- Madraza 67
- Mirador San Nicolas 69
- Palacio de Dar al-Horra 69
- Realejo 62
- Sacromonte 70
- Silla de Moro 64
Guadalquivir 18, 35, 94
Guadix 72

H

Haustiere 129
Hemingway, Ernest 40
Hotels 134

I

Ibérico-Schinken 30
Information 129
Internet 133
Isabel I. (von Kastilien) 67, 96, 107
Itálica 30

J

Jaén 88
Jerez de la Frontera 110
Juden 34, 86

K

Kaffee 45
Kinder 30, 50, 85, 126
Kite- und Windsurfer 132
Klima 129, 130
Kolumbus, Christoph 22, 96, 107, 109
Krankenhäuser 127

L

La Alpujarra 61
La Iruela 84
Lebrija 35
Leone, Sergio 72

M

Magellan, Ferdinand 109
Málaga 44
- Alcazaba 46
- CAC Malaga 48
- Centre Pompidou Málaga 47
- Jardín Botánico La Concepción 49
- Kathedrale 45
- Mirador de Gibralfaro 46
- Museo Automovilistico y de la Moda 48
- Museo Carmen Thyssen Cervera 48
- Museo Picasso 45
- Museo Ruso Ermitage 49
- Plaza de la Merced 45
Marbella 41
Marismas 35
Maut 124
Metropol Parasol, Sevilla 25
Mietwagen 135
Mijas 42
Minas de Riotinto 106
Mohammad II. 65
Mojácar 78
Montefrío 72
Mudéjar-Stil 23

N

Nachtleben 130
Nasriden 63, 65, 93
Nerja 52
Níjar 76
Noche de San Juan 60
Notfall 130

O

Öffnungszeiten 130
Olivenöl 88
Orce 78

P

Palma del Río 100
Palos de la Frontera 107
Panne 125
Pardelluchse 109
Parken 125
Parque Nacional Coto de Doñana 108
Parque Natural de las Sierras de Cazorla, Segura y Las Villas 84
Pedro I. (»der Grausame«) 23, 32
Phönizier 112
Playa de Bolonia 117
Post 131
Priego de Córdoba 91

R

Radfahren 132
Rauchen 131
Reconquista 23, 86
Reisekosten 127
Reisezeit 129
Rilke, Rainer Maria 41
Römer 30
Ronda 40
Ruta de Castillos y Batallas 86
Ruta de los Pueblos Blancos 116

S

Sanlúcar de Barrameda 109
Schwimmen 132
Segeln 132
Semana Santa 25
Serranía de Ronda 38, 40
Sevilla 18
- Archivo General de Indias 22
- Basílica de la Macarena 25
- Casa de Pilatos 24
- Centro Andaluz de Arte Contemporáneo CAAC 28
- Expo-92-Gelände 28

Register

- Iglesia de Santa Ana 28
- Kathedrale 19
- Mercado Lonja del Barranco 25
- Metropol Parasol 25
- Museo Cerámica Triana 28
- Parque de María Luisa 24
- Plaza de España 24
- Puente Isabel II. 27
- Reales Alcázares 23
- Triana 27

Sherry 35, 111
Sicherheit 131
Sierra de Cazorla 84
Sierra Nevada 61, 62
Sport 132
Stierkampf 40
Straßenverkehr 124
Strom 133
Surfen 132

T

Tabernas 74
Tanken 125
Tapas 46, 66
Tarifa 117
Tauchen 132
Taxi 135
Telefon 133
Tempolimits 124
Thunfischfang 117
Trinkgeld 133

U

Úbeda 85
Übernachten 36, 54, 80, 102, 119, **134**
Umgangsformen 134
Unfall 125
Unterkunft 134
Utrera 34

V

Vejer de la Frontera 115
Vélez de Benaudalla 60
Verkehrsmittel im Land 134
Verkehrsvorschriften 124

W

Währung 127
Waldbrandgefahr 131
Wale 117
Wandern 51, 85, 133
Wein 35
Wetter 129
Whalewatching 117

Z

Zollbestimmungen 135
Zuheros 92

Bildnachweis

Bildnachweis
Titel: Weiß gekalkte Häuser über der Schlucht El Tajo, Ronda
Foto: **Getty Images** (P. Svarc)
Rücktitel: links: **Shutterstock.com** (K. Stock); rechts: **Shutterstock.com** (S. Dzyuba)

AdobeStock: joserpizarro 31; P. Ayala 73; andigia 105.1; loisclare 112/113 – **Alamy Stock Photo:** Prisma by Dukas Presseagentur GmbH 92 – **Fotolia:** joserpizarro 108 – **Getty Images:** M. Stepan 76; Quadriga Images/LOOK-foto 89 – **hbpictures:** 12.1 – **Huber Images:** U. Mellone 14/15; M. Howard 22; M. Rellini 44/45, 98; G. Gräfenhain 62/63; – **Lookphotos:** H. Leue 105.2 – **mauritius images:** Cultura/T. E. White 17.3; F. Rodriguez/Alamy 27; imageBROKER/B. Boensch 29; imageBROKER/U. Kraft 34; K. Welsh/Alamy 39.2; Chromorange/J. Feuerer 61; MiRafoto.com/Alamy 111 – **Seasons Agency:** A. Di Lorenzo/Jalag 13.2 – **Shutterstock.com:** D. Herraez Calzada 4/5; A. Prokopenko 5.1; KikoStock 5.2; M. Maslanka 6.1; julpho 6.2; miquelito 6.3; S. Didenko 7; A. Todorovic 8/9; Hquality 9; hidalgo-photos.com 10.2, 12.2, 12.3; C. Badkin 11.1; A. Kan 11.2; ADA_photo 13.1; The World in HDR 17.1; LucVi 17.2, 18/19, 24; milosk50 32, 52; A. Trabazo Rivas 39.1; M. Kastelic 40; LauraVl 43; Taiga 57; E. Fabisuk 58; Inu 68; A. Trejo 70; Ch. Mueller 71; underworld 74; Fotomicar 79, 84; B. Firenze 83.1; R. Sedmakova 83.2; Noradoa 87; A. Lebedev 94/95; Neirfy 97; Calavision 101; Marques 116; S. B. Jakiello 136; DeltaOFF 144 – **www.castillodemonda.com:** 55 – **www.cortijodelmarques.com:** 80 – **www.haciendadeoran.com:** 37 – **www.molinolafarraga.com:** 103

Impressum

Herausgeber: GRÄFE UND UNZER VERLAG GmbH, Postfach 86 03 66, 81630 München
Leitender Redakteur: Benjamin Happel
Autor: Jan Marot
Verlagsredaktion: Nadia Turszynski (verantw.), Nora Köpp, Gernot Schnedlitz, Katja Tegler,
Lektorat und Satz: Oliver Kiesow, Thomas Rach, www.bintang-berlin.de
Bildredaktion: Iris Kaczmarczyk
Schlusskorrektur: Jessika Zollickhofer
Reihengestaltung: Eva Stadler
Kartografie: Kunth Verlag GmbH & Co. KG, München
Herstellung: Mendy Willerich
Druck: Drukarnia Dimograf Sp z o.o. (Polen)

Ansprechpartner für den Anzeigenverkauf:
KV Kommunalverlag GmbH & Co. KG, MediaCenter München,
Tel. 089/92 80 96 44

Ein Unternehmen der
GANSKE VERLAGSGRUPPE

ISBN 978-3-95689-392-6
2., unveränderte Nachauflage 2018

© 2018 GRÄFE UND UNZER VERLAG GmbH, München
ADAC Reiseführer Markenlizenz der ADAC Verlag GmbH & Co. KG, München

LESERSERVICE
adac@graefe-und-unzer.de
Tel. 00800/72 37 33 33 (gebührenfrei in D, A, CH)
Mo–Do: 9–17 Uhr, Fr: 9–16 Uhr

Das Werk einschließlich aller seiner Teile ist urheberrechtlich geschützt. Jede Verwendung ohne Zustimmung von Gräfe und Unzer ist unzulässig und strafbar. Das gilt insbesondere für Vervielfältigungen, Übersetzungen, Mikroverfilmungen und die Verarbeitung in elektronischen Systemen.
Die Daten und Fakten für dieses Werk wurden mit äußerster Sorgfalt recherchiert und geprüft. Wir weisen jedoch darauf hin, dass diese Angaben häufig Veränderungen unterworfen sind und inhaltliche Fehler oder Auslassungen nicht völlig auszuschließen sind. Für eventuelle Fehler oder Auslassungen können Gräfe und Unzer, der ADAC Verlag sowie deren Mitarbeiter und die Autoren keinerlei Verpflichtung und Haftung übernehmen.

Bei Interesse an maßgeschneiderten B2B-Produkten:
gabriella.hoffmann@graefe-und-unzer.de

ADAC

Hier beginnt der Urlaub.

Gut informiert. Besser reisen.

JETZT ENTDECKEN — CLEVERES DESIGN · MEHR SERVICE

Weitere Titel finden Sie überall, wo es Bücher gibt, und auf adac.de/shop.

Unterwegs in Andalusien

Mit dem Rad auf alten Gleisen

Die stillgelegten und zu Radwegen umgebauten Bahntrassen der »Vía Verde« eignen sich wunderbar für ausgedehnte Touren. Etwa in der Sierra Nevada oder an der Atlantikküste bei Cádiz bieten sich kurze Tagestouren an. Eine mehrtägige Fahrt über 120 km verläuft entlang der »Via Verde del Aceite« durch die Olivenkammer Jaén und Córdoba. Aktuell gibt es 23 Routen mit über 500 km.

■ www.viasverdes.com

Die Sonnenküsten-Seilbahnen

In Benalmádena an der Costa del Sol fährt eine Gondelbahn auf einen Gipfel mit herrlichem Ausblick über das Mittelmeer. Ebenfalls imposant ist die Aussicht vom Affenfelsen in Gibraltar auf die Meerenge und das Rif-Gebirge in Nordmarokko, auch hier verkehrt eine Seilbahn.

■ Details auf S. 43

Per Schiff durch den Parque Nacional Doñana

Am bequemsten lässt sich der Nationalpark an Bord des Ausflugsschiffs »Real Fernando« erkunden. Die Tour startet in Sanlúcar de Barrameda und kann mit einer Fahrt im Geländewagen kombiniert werden. So können Sie die Naturwunder ideal zu Land und zu Wasser genießen.

■ Details auf S. 110

Fest im Sattel

Reitfans können Südspanien hervorragend im Sattel erkunden, und es muss nicht immer auf dem Rücken eines stolzen andalusischen Pferdes sein. Besonders Kinder lieben die Esel (»Burro«)-Taxis im Bergdörfchen Mijas. Die Reittiere sind bestens geeignet, um die steilen und engen Gässchen des Ortes bequem zu durchstreifen.

■ www.reiten-in-andalusien.de